La Bouille

ARNAUD GROU-RADENEZ

La Bouille

roman

PLON

ISBN : 2-259-18873-7

A mes filles, Constance et Capucine.
A leur mère.

« La Ferté-Vidame. Novembre 1729.

« Voilà l'hiver et le mauvais temps venus. Je passerai pourtant encore mon séjour ici pour le moins le reste de ce mois, où je me plais bien plus que partout ailleurs, même en tous temps. »

Louis de SAINT-SIMON.

« L'odeur des pommes est douloureuse. C'est celle d'une vie plus forte, d'une lenteur qu'on ne mérite plus... »

Philippe DELERM,
La Première Gorgée de bière.

I

Hilaire travaillait en silence, sans autre lumière qu'une lampe tempête posée à même la terre, entre les roues de sa machine. Le soir tombait et le chant du dernier coucou venait de cesser. À la lisière du bois, la brume rasait le sol, en minces déchirures. Bientôt, elle monterait à hauteur de futaie, deviendrait brouillard aux premières lueurs de l'aube.

Vers l'ouest, le ciel, d'un bleu usé, menait un combat d'arrière-garde. À l'est, la nuit, déjà, se mouchetait d'étoiles. C'était l'instant, entre chien et loup, de la trêve quotidienne, de la transition miraculeuse. Tous les bruits s'apprêtaient pour leur partition nocturne.

La forêt percheronne se réveillait, tandis que les cultures et les herbages se figeaient. Dans le fouillis végétal, un monde invisible bruissait de cris aigus, inquiets, filant sous les tapis de feuilles, émergeant d'un arbre creux. L'air se peuplait d'appels brefs, de réponses douces, de signaux.

Hilaire aimait vivre cette métamorphose du jour à la nuit. Il reprit son labeur. Toute trace devait être effacée avant l'aube.

L'alambic était artisanal, presque rudimentaire. Il avait fabriqué lui-même la cucurbite, à partir d'une plaque de cuivre longuement martelée dans l'ancien atelier d'un chaudronnier du canton de Rémalard.

L'opération la plus délicate avait été l'ajustage du couvercle de sa chaudière. Il devait être à la fois étanche et amovible. Au centre du couvercle, il avait soudé un tube de sortie auquel il pouvait adapter le réfrigérateur.

En revanche, il n'avait pas su façonner le long serpentin, courant à travers une cavité qu'il devait remplir sans cesse d'eau froide, d'où l'alcool coulait goutte à goutte. La « glacière », comme il l'appelait, avait été achetée par un prête-nom, lors d'une vente à Nocé. Il n'était pas équipé d'un rectificateur permettant de sortir un calvados à 64 degrés. Aussi devait-il s'y prendre à deux fois pour obtenir une goutte convenable. Il lui fallait distiller le cidre une première nuit, stocker un jus médiocre à 35 degrés et se trouver un autre repaire pour recommencer l'opération une autre nuit en distillant son premier jus afin d'obtenir un calva digne de ce nom. Les risques d'être surpris par les « rats de cave » étaient doubles, et Hilaire risquait sa ferme et ses terres à ces jeux interdits.

Il éprouvait une jubilation mêlée d'une terreur un peu trouble au cours de ses distillations nocturnes. Ce qu'il tirait de sa chaudière n'en était que meilleur.

La nuit lui tenait lieu de compagne, et les sensations laissées par ses travaux clandestins au sein d'une nature complice l'emportaient sur les peines encourues si, d'aventure, il venait à être découvert.

Il commença la chauffe en allumant les deux brûleurs fixés au-dessous de sa cuve. Les deux bouteilles de butane rejoindraient leur place dans sa cuisine, à La Douvellerie, sa maison en bordure du bois de La Villedieu, avant six heures du matin.

Hilaire œuvra. Jamais la nuit ne lui avait semblé si belle. Il aimait bouillir en juin, contrairement aux habitudes ancestrales de fin d'automne et d'hiver.

*

Cette nuit, j'ai vraiment cru que j'allais mourir. Cela m'apprendra à jouer les hiboux à travers les bois.

Hilaire est un ami de longue date, et entre lui et moi, c'est à la vie, à la mort. Je sais toujours ce qu'il mijote, sa fille Élise est mignonne à croquer, comme un pâté doré. J'ai un œil qui traîne en permanence du côté du bois de La Villedieu, où ils habitent. Certains soirs, je m'approche très près de La Douvellerie, où ils dorment. Souvent Élise enfile sa chemise de nuit sans prendre la peine de fermer les volets de sa chambre. Quand je la vois toute nue, sans rien sur elle, mon cœur s'arrête de battre. Je reste là, immobile, planté comme un saule d'eau, les bras en branches mortes, la tête en feu. À ces moments-là, si ma mère savait ce que je regrette d'avoir la tête que j'ai !

Les filles, je n'en ai pas peur, d'habitude, mais Élise, elle, me fait perdre tous mes moyens. Elle est trop belle, et moi, je sais bien que je ne suis pas fait pour elle, que c'est idiot de me mettre martel en tête, et que si elle me sourit, c'est par gentillesse, ou par pitié.

Ce soir-là, vers dix heures et demie, j'étais derrière la cuisine de la maison Le Blic, à l'abri d'une haie de lauriers et de petits frênes courbés à cause de la clématite sauvage. C'était ma cachette habituelle, d'où je pouvais apercevoir la chambre d'Élise, tout près, à toucher ses volets.

Il fallait faire très attention, parce que Hilaire, même si c'est un ami, il ne plaisante pas avec l'honneur de sa fille unique. Par habitude, j'ai regardé vers le grenier, là où Hilaire a sa chambre, et j'ai compris qu'il n'y était pas. Ce n'était pas normal qu'il soit ailleurs, vu qu'après dix heures, il ne laisse jamais Élise seule à La Douvellerie.

J'ai eu un grand frisson dans le dos à l'idée qu'il était peut-être derrière moi, à m'observer en train d'observer ! Je n'ai pas pris le temps de regarder Élise et j'ai filé vers le bois de La Villedieu qui est tout à côté de La Douvellerie.

En courant à travers la pâture, j'ai vu une petite lumière qui scintillait comme un feu follet dans le bois vers où j'allais.

Deuxième coup au cœur ! Cela commençait à faire

beaucoup d'émotions pour la même nuit. Mais j'étais trop curieux et je me suis approché lentement de la lumière, en faisant des crochets, comme les Indiens d'Amérique.

D'abord, l'odeur m'a alerté. Personne ne peut me tromper là-dessus. C'est même à cause du marc rejeté qu'ils se font pincer, quand ils bouillent en cachette, les gars du coin.

J'ai été étonné, parce que la bouille au noir, par ici, c'est devenu plutôt rare. Ce serait du côté de Domfront ou de Tinchebray, à l'autre bout de l'Orne, je ne dis pas, mais dans le Perche, le calva en cachette, c'est presque fini, c'est trop cher si on se fait prendre.

Je me suis approché encore, en me disant que le gars qui travaillait comme cela était rudement gonflé. Quand on est un minimum prudent, le marc, on le fait couler tout de suite dans un trou qu'on creuse dans le sol et qu'on referme vite pour que l'odeur soit prisonnière.

Mon bouilleur ne prenait même pas cette précaution, on sentait la vieille pomme pourrie chaude à cinquante mètres. Mais le vent venait de l'ouest et tout filait vers le bois. Et dans les bois, la nuit, ce ne sont pas les promeneurs qui seraient gênés. C'est peut-être pour cette raison que le bouilleur ne s'était pas donné la peine de creuser un trou !

Encore quelques pas à écarter les branches de charmille et à brasser les fougères, et puis j'ai vu !

C'était formidable. Le type était grand et lourd, rudement baraqué. Il s'affairait autour de sa machine comme Jean Gabin au cinéma jouant les mécaniciens de locomotives à vapeur. Il avait l'air de connaître son boulot, travaillait vite, mais il ne pouvait pas aller plus vite que les quelques gouttes qui tombaient de son alambic. Il passait son temps à aller chercher de l'eau à pleins seaux dans une mare à côté, et la versait dans une sorte de bidon, en haut de la machine, comme s'il voulait refroidir l'enfer.

J'étais tellement étonné à observer son matériel, que je ne me suis pas aperçu qu'il venait de disparaître depuis au moins une minute. Cela devenait dangereux. J'allais faire demi-tour pour rentrer chez moi, au Maupas, à côté de Sainte-Marche. Il fallait que j'aille rechercher mon vélomoteur que j'avais caché sous des aubépines, à trois cents mètres de La Douvellerie. Je me suis relevé et, soudain, une grosse patte s'est abattue sur mon épaule, tandis qu'une autre, encore plus grosse, m'agrippait le cou. Et je suis tombé à genoux, à ne plus pouvoir bouger tellement j'avais peur.

Une voix terrible, pareille à celle de mon père quand il était en colère, m'a grogné à l'oreille :

– Qu'est-ce que t'espionnes ici, espèce de rat...

– Je ne suis pas un rat de cave, je n'espionne rien, ai-je répondu en tremblant.

– Attends un peu, mais je connais cette voix d'enfoiré... C'est toi, Julien ?

– Ben oui, c'est moi, ai-je dit, un peu rassuré d'être reconnu du bandit.

Mais je n'arrivais pas à reprendre mes esprits et à deviner qui était ce géant qui me tenait avec ses pattes de sanglier.

La main a serré moins fort mon épaule, et surtout mon cou qui devait déjà être bleu-violet.

Il m'a entraîné vers sa machine et m'a tordu la tête pour la présenter à la lumière de sa lampe à pétrole. Grâce à la petite lueur jaune, il a achevé de me reconnaître, et moi, j'ai vu qui il était : Hilaire, le papa d'Élise. Je n'avais pas intérêt à lui dire par où j'étais passé avant d'atterrir dans son bois. Quand même, j'étais bien rassuré et j'ai trouvé tout de suite ce qu'il fallait expliquer pour ne pas être cogné.

– C'est toi, Hilaire, arrête de m'étrangler, tu sais bien que tu ne risques rien avec moi...

– Dis-moi, petit rat, t'as rien à faire du côté du Mage, c'est pas ton coin, et encore moins dans le bois de La Villedieu à cette heure-là.

– J'avais rendez-vous avec la Ramée pour poser des collets.

J'espérais bien qu'il ne me verrait pas rougir à mentir de la sorte.

Hilaire a eu l'air inquiet, d'un seul coup.

– La Ramée est dans le coin ?

– Oui, mais il ne viendra pas avant minuit, vu que le garde voulait l'entretenir de ses tâches, rapport aux hérons.

Hilaire a agi très vite. En deux minutes, il a éteint ses feux, fermé ses robinets, vidé sa cuve et attelé sa machine à son tracteur de réserve, un vieux Eicher diesel monocylindre 15 CV, qu'il avait eu en dommage de guerre en 1946 pour se faire rembourser des malheurs de l'Occupation. Déjà il se mettait en route et il me dit :

– Étale de la terre sur le marc, dispose des feuilles mortes et des branches dessus et viens me rejoindre à La Douvellerie.

– Bien, chef, j'ai dit à mon copain qui m'invitait chez lui après m'avoir presque tué.

Hilaire parti, je me suis mis à travailler en me disant qu'il faudrait prévenir la Ramée pour qu'il dise bien que j'avais rendez-vous avec lui, au cas où Hilaire ferait son enquête pour savoir ce que je faisais vraiment dans le coin.

Dix minutes après, j'étais chez lui. Élise dormait dans sa chambre, juste au-dessus.

Hilaire venait d'allumer un feu dans la cheminée. Cette année, juin était froid. Sur la table, il avait posé une bouteille de son cidre à lui, et il mangeait du boudin froid en le coupant avec son Opinel. Sur un signe de tête, je me suis assis en face de lui. J'ai sorti mon couteau à moi et j'ai coupé du pain. Il m'a servi un verre de cidre, et je me suis senti bien, à cette heure, avec lui.

Alors il m'a annoncé qu'on ferait la prochaine bouille ensemble, et j'ai compris que c'était une grande confiance qu'il me faisait, mais aussi que je devenais son complice, à ne jamais pouvoir raconter ce qu'il trafiquait, la nuit, dans le bois de La Villedieu, en bout de la forêt de Longny-au-Perche.

*

Julien quitta La Douvellerie au milieu de la nuit. Ils s'étaient restaurés en vrais braconniers, silencieux, à la lueur vacillante d'une lampe pigeon. La table disparaissait sous les miettes de pain, les papiers d'emballage et les bouteilles à demi pleines. Des restes de jambon et des entames de saucisson émergeaient du fatras. Hilaire contempla les dégâts et soupira. Il ne comprendrait jamais pourquoi un méchant casse-croûte pris sur le pouce laissait plus de désordre dans la cuisine qu'un déjeuner bourgeois. Élise ne supporterait pas ce spectacle. Hilaire débarrassa la table des reliefs du repas.

Il arrivait qu'elle se réveillât lors de ses retours de bouille. Avant même qu'il prît le temps de souffler, elle disposait un couvert, en ajoutait un autre, moins par gourmandise que pour être avec son père, à une heure qui appelait la complicité.

Ces nuits-là, la table était propre, vite nettoyée, comme pour une collation de plein jour.

Hilaire rinça les verres et son Opinel au jet de l'évier, sortit un instant pour jouir des parfums de la campagne et de la forêt toute proche. Dehors, il goûta la paix de sa ferme.

Il extirpa une pipe de sa poche, tapota le fourneau contre une borne, près du seuil, et entreprit de rechercher sa blague, palpant ses poches dans le noir.

Il éclaira son visage quelques secondes à l'aide de son briquet tempête, tira ses premières bouffées. La fumée restait suspendue dans l'espace, fantomatique. Le vent était complètement tombé. Son absence, rare en cette saison, donnait à l'air de la nuit un ouaté voluptueux et un calme absolu.

Hilaire demeura ainsi quelques minutes, puis rentra.

Après avoir verrouillé soigneusement la porte de la grande salle, il éteignit la lampe pigeon, ralluma deux secondes l'unique ampoule à contrepoids au-dessus de la table, jeta un bref regard pour vérifier la bonne ordonnance des lieux et monta se coucher.

Comme toujours à pareille heure, il ne put s'endormir. Étendu sur son lit, la fenêtre et les volets de sa chambre largement ouverts, il aspira les senteurs du dehors. Fumant à petits coups les dernières bouffées de sa pipe, il fit vagabonder ses pensées. Il évalua d'abord le problème que Julien venait de lui poser. Avait-il eu raison de lui faire confiance, n'était-ce pas risqué de passer un contrat de compères avec lui, de le faire participer à la deuxième bouille ?

Il haussa les épaules. C'était trop tard pour regretter. Et puis Julien était un brave gars, en pâmoison devant Élise. Toute trahison était à écarter. Dans le noir, Hilaire sourit. Il y avait belle lurette qu'il s'était aperçu du manège du garçon autour de sa fille. Il eût fallu perdre ses yeux pour ne pas s'en rendre compte : lorsque leurs chemins se croisaient ou quand il entrevoyait Élise à la ferme, Julien entamait sa danse d'amour.

C'était à la fois comique et attendrissant : une vraie gigue d'ours de foire. Il passait d'une jambe à l'autre, ne savait que faire de ses bras, décrivait des cercles concentriques et lourds, se rapprochant insensiblement d'Élise, s'en éloignant soudain comme si elle était des charbons chauffés à blanc.

Hilaire se surprit à parler haut :

– C'est pas un parti rêvé pour la petite, le Julien.

Mais immédiatement, il s'en voulut de son jugement :

– C'est pas le pire du canton, beaucoup s'en faut ! Et puis pas de doute qu'un bonhomme de son acabit ne toucherait pas à un cheveu d'Élise sans qu'elle y consente. Il ne ferait pas non plus un mauvais chien de garde à l'approche de quelque fier-à-bras de Longny, Tourouvre ou Rémalard...

Le maître de La Douvellerie se souvint que Marie, sa défunte femme, estimait le garçon.

– Il est plus délicat que tous les coureurs du canton, lui avait-elle dit un jour. Peut-être il n'a pas une tête à sortir, mais dis-toi bien que je ne connais pas de gars aussi droit et aussi honnête que lui.

Après un silence, elle avait ajouté, songeuse :

– Elle n'aurait pas tant à s'en plaindre, la petite...

Le temps ne lui permit pas de vérifier son jugement. Elle avait quitté ce monde, discrètement, l'année précédente. Partie pour trois fois rien à l'hôpital de Mortagne, une série de complications l'avait emportée en quelques jours. « Une erreur de diagnostic », avait-on murmuré dans l'entourage. Hilaire savait qu'il n'en était rien. Ils avaient fait le mieux qu'ils pouvaient, les docteurs de l'hôpital, mais le mauvais sort s'y était mis.

L'usage, dans le canton, était de refuser la mort quand elle frappait « avant son heure ». La ligne de démarcation avait été bizarrement fixée à la soixantaine. Avant ce chiffre, toute mort devenait suspecte, tout médecin fossoyeur. Un journaliste local avait écrit, un jour, que cela s'appelait « une erreur de diagnostic ». Le terme avait séduit. On l'avait retenu et on l'employait d'abondance. Un vétérinaire eût mieux œuvré, plus sérieusement ! Passé soixante ans, en revanche, on entrait dans le calendrier naturel des candidats au trépas et tout départ vers l'au-delà devenait logique, indiscutable, et les diagnostics justes.

Ainsi allait l'ordre des choses dans le pays du Perche. Marie fut emportée avant d'atteindre cinquante ans. Cassé par le malheur, mais résigné, Hilaire ne la remplaça pas.

Ils avaient trop vécu ensemble pour qu'une autre puisse imposer sa présence à la ferme. Et puis Élise avait atteint l'âge des refus nets, des convictions rebelles. Une belle-mère n'eût pas apprivoisé les deux rescapés.

Terrassés par la douleur, Hilaire et sa fille

s'étaient d'abord recroquevillés sur leur deuil, gardant leur peine pour eux, montrant les dents à qui s'aventurait à compatir ou à jouer les pleureuses trop près de leur tanière.

Chez eux, ils se laissaient aller parfois aux larmes. Vis-à-vis de leur entourage, une fermeté de roc était la règle. Ils serrèrent les dents et reprirent goût au travail. La ferme se remit à tourner.

Hilaire s'était campé dans la dignité qu'exige le souvenir. Avec une abnégation mâtinée d'égoïsme, il avait fait d'Élise le centre de ses préoccupations et, non sans emphase, lui avait expliqué qu'il remplacerait dorénavant Marie auprès d'elle.

Quelques mois passèrent, jusqu'au jour où sa fille lui dit, abrupte :

– Écoute, je t'aime comme tu es, mais ce n'est pas à toi de remplacer maman. Tu es à côté du vrai. Je suis ta fille depuis toujours et la maîtresse de maison depuis six mois. Mais toi, tu ne vas pas te déguiser en femme.

Elle avait hésité un moment et avait ajouté, la voix un peu tremblante :

– C'est plutôt moi qui remplace maman... Je suis un peu ta femme, tu comprends, papa ?

Habité d'une joie trouble, Hilaire s'en voulait encore de ne pas avoir été choqué par l'énormité de l'expression. Pas une attitude ni un geste ne voilèrent leurs rapports d'équivoque. Ils prirent en main leur nouvelle existence et cheminèrent ainsi, en un autre temps.

Élise remplissait les travaux qui incombent à une femme d'agriculteur avec un savoir-faire très professionnel. Chaque matin, levée avant six heures, elle préparait le déjeuner, allumait les feux de la cuisinière dans la grande salle, allait chercher les vaches en pâture et les ramenait à l'étable pour la traite.

Ensuite venait la nourriture à donner aux poules et aux lapins. Dans la foulée, elle sortait les brebis, servait la soupe aux cochons, pendant que son père se chargeait de nettoyer l'étable et la bergerie.

Onze heures les réunissait, debout devant la cuisinière, buvant un café, sans plus de paroles que ne l'exige la vie à la ferme. Hilaire partait alors aux champs, Élise plongeait dans sa comptabilité pendant que mijotait le repas de midi.

Julien surgissait à l'heure du déjeuner, deux

à trois fois la semaine. Il était accueilli gentiment et y allait de son coup de main. Il n'était pas de trop et, bien qu'il refusât toujours d'être payé, Élise, en accord avec son père, lui versait ses gages, ainsi qu'elle l'eût fait pour un ouvrier agricole.

Lorsque Julien était là, ils lui laissaient la ferme, la traite du soir et la nourriture des bêtes. Hilaire retournait aux cultures tandis qu'Élise en profitait pour aller au ravitaillement.

Elle sillonnait les routes à vélomoteur, passant commande chez les commerçants, réglant d'avance les commissions.

En fin d'après-midi, son père, avec sa 2 CV camionnette, ramassait les achats, déjà emballés et payés. Il perdait un minimum de temps, rarement absent de la ferme plus d'une heure.

Un matin, Hilaire proposa à Julien de travailler pour eux à temps complet. À sa grande surprise, le garçon déclina l'offre, tout en fondant de contentement d'avoir été choisi comme ouvrier auprès d'eux.

– C'est bien gentil, avait-il dit, mais j'aime mieux pas travailler là tout le jour.

– Mais pourquoi donc ? Tu viens déjà deux ou trois après-midi par semaine. Ça ne ferait pas une si grande différence.

– Possible, mais un coup de main de temps en temps, ce n'est pas comme d'être valet de ferme. C'est déjà assez dur d'être payé par Élise...

Hilaire avait dressé l'oreille et répliqué vertement :

– Qu'est-ce qui m'a foutu un imbécile pareil ! Ce n'est pas l'argent d'Élise que tu reçois, c'est le mien. Elle ne fait qu'exécuter mes ordres.

– Alors tu n'as qu'à me le donner toi-même, si c'est si simple, ton argent. Mais recevoir des sous de la petite, je n'aime pas bien. Elle est trop petite, tu comprends ?

Troublé, Hilaire s'en était entretenu avec sa fille. Elle avait réfléchi un instant et avait conclu :

– Il a raison, je suis trop jeune. Je sais qu'il m'aime trop pour accepter l'argent que je lui donne. Cela le met en méchante position.

– Explique-toi mieux, avait dit Hilaire, soudain curieux d'en connaître plus sur les sentiments de sa fille.

– Écoute, papa, ne fais pas le bête, tu veux ? Tu sais bien de quoi je parle.

Bien sûr qu'il le savait. Doucement, il avait demandé :

– Et toi, tu l'aimes un peu, Juju ?

– Bien sûr que oui, je l'aime bien. Mais pas pour l'autre amour, il est trop simplet, et puis sa tête me gêne quand même.

Hilaire n'avait guère aimé la réponse, mais n'en avait rien dit. Depuis cette conversation, il s'était lui-même chargé de régler le garçon. Élise préparait le compte dans une enveloppe.

*

Si le patron de La Douvellerie n'avait pas remplacé Marie, il avait trouvé refuge pour la bagatelle chez Pauline, une gentille veuve de trente ans qui vivait dans une modeste maison du Maunil, à deux pas de l'étang du Cotillon, au nom prédestiné, vu les ébats qui s'engageaient lorsqu'il la rejoignait certains soirs, le dîner achevé, Élise couchée.

Pauline était directe et sans complications. Elle ne regrettait pas la disparition de son mari et, sans le clamer, ne cachait pas sa satisfaction d'être libre à nouveau. De son vivant, Robert, livreur de fuel de son métier, l'avait suffisamment battue pour qu'elle n'eût pas à se plaindre de sa nouvelle vie.

Hilaire la soupçonnait de rattraper le temps perdu, persuadé de n'être pas le seul à venir la rejoindre dans sa clairière du Maunil. Mais cela n'avait pas grande importance, car elle le recevait avec autant de fougue que s'ils eussent été deux sur une île déserte.

À une dizaine de kilomètres de La Douvellerie, sur la commune de Marchainville, Hilaire ne sortait pas du canton, et c'était suffisamment éloigné pour garder les apparences vis-à-vis d'Élise.

La petite, qui n'avait pas les yeux dans sa poche, avait bien entendu découvert les escapades nocturnes de son père. Un matin, au café de onze heures, elle le dévisagea et, le sentant plus fourbu que de coutume, lui dit :

– Alors, il te fatigue tant que ça, le cotillon ?

Choqué de l'effronterie du propos, hésitant

un instant sur la conduite à tenir, Hilaire avait pris le parti d'en rire.

Il voulut expliquer à la petite qu'elle ne risquait rien, que Pauline ne remplacerait jamais sa mère. Elle lui avait mis un doigt sur les lèvres et avait murmuré :

– Ne dis rien, et surtout ne parle pas de maman. Fais ta vie tant que ça te vient, pourvu que nous deux, on reste comme on est, ici, à La Douvellerie.

Le visage d'Hilaire se ferma. Dans un mois, Élise serait majeure. Un jour elle partirait. Un jour, elle ferait sa vie avec un homme. Peut-être ne serait-il pas cultivateur. Que ferait-il, alors, lui, de la terre ? Il resterait à La Douvellerie jusqu'à la limite de ses forces. Mais après, lorsqu'il aurait atteint le seuil de la faiblesse ? Il frissonna. Ses racines étaient ici, dans son Perche natal, et ce n'était pas son nom de Breton qui l'en ferait partir.

Hilaire songea à son père, contraint de quitter sa Bretagne, condamné à partir sur les routes pour cause de misère. Corentin Le Blic, on l'avait surnommé le « Centaure », dans le pays, parce qu'il était arrivé brusquement, sans prévenir, suivi de sa jument de trait, un soir d'octobre 1920.

Il était venu du fin fond du Morbihan pour atterrir à Sainte-Marche et n'en avait plus bougé. À l'instar de beaucoup de ses compatriotes, il avait abandonné sa terre bretonne pour aller se louer, lui et sa bête, dans les fermes prospères de Normandie. La plupart d'entre eux firent souche.

Ce fut sa destinée. Installé pendant plus de cinquante ans dans le canton de Longny, il avait adopté son pays d'accueil avec la foi des émigrants pour qui les portes se sont ouvertes un jour dans le pays qu'ils avaient rêvé, et auquel ils vont bec et ongles se fondre.

II

D'abord le vent.

La Beauce n'est pas loin. Ici, tous rejettent ce voisin, mais personne n'ignore sa proximité.

Lorsqu'il vient de l'est ou du sud-est : « Un vent de Beauce ! » a-t-on l'habitude de grincer. On le sent froid, sifflant et satisfait, vainqueur d'un combat facile et qui ne souffre pas de défense en chemin.

Lorsqu'il déboule sur les premiers remparts du Perche, gonflé de sa propre force, il est semblable aux gens qu'il vient de refroidir : plat comme la plaine, fort, sans contours et sans cœur. Pour ce vent-là, comme pour les Beaucerons, le premier obstacle, c'est la citadelle nord-ouest, aux marches du pays de Beauce. En fait de citadelle, il s'agit plutôt d'un trou. À bout de souffle d'avoir soutenu la plaine, le relief s'écroule brusquement et plonge, puis se redresse d'un bond et tout devient chaotique : c'est le Perche.

*

Tout au début de ce pays-là, moi, je vis, je respire, j'écoute et je regarde. La commune où je suis, c'est un secret, je ne fixerai pas son nom tout de suite parce que trop en dire m'apporterait des emmerdements.

Je ne parle pas beaucoup, cela ne sert à rien. Mon travail, chez nous, c'est de donner un coup de main à tout le monde. J'aide le curé en lui livrant son vin blanc, « pour son office », prétend-il, mais moi, je sais bien qu'il en siffle un bon bout à table, le soir. Et je sais même où il la cache, sa réserve !

J'aide le maire quand il s'en va et qu'il a peur que ses chiens le suivent. Ça serait embêtant qu'ils le pistent, ses chiens, surtout là où il a l'habitude d'aller, le maire !

Je fais la vaisselle quand il y a des banquets chez Raymonde, à l'auberge du village, parce que Raymonde ne s'en tire pas toute seule. Pour me payer, elle m'embrasse. Elle sent le savon de Marseille.

Je donne aussi un coup de main aux Parisiens qui ne s'y connaissent pas trop en culture, mais veulent bouffer les salades de leurs potagers. « Elles ont un autre goût », disent-ils. C'est des histoires, parce que parfois, je leur file des salades de chez Raymonde, que je pique dans ses cageots en bois qui arrivent de Rungis. Je glisse chaque fois que je viens de les cueillir chez eux, aussitôt ils prennent des airs et les sentent comme si c'étaient des melons. Ils sont plutôt gentils, les Parisiens, quand ils font semblant de jouer les paysans, avec leurs nappes à carreaux, leur façon de se blesser les yeux dans les sabots tout neufs qu'ils achètent à la foire de Longny, et surtout, l'accent qu'ils inventent quand ils parlent aux gars du coin, au café de Raymonde. « Salut, père Anselme ! » disent-ils au cantonnier, alors que nous, on l'appelle Anselme tout court. « Ça va-t-y ? » Plus ils nous prennent pour des indigènes, plus on répond avec un accent pointu : « Oui, monsieur, nous allons bien. » Je ne sais pas s'ils comprennent l'humour quand on parle mieux français qu'eux...

Je ne sais rien faire, mais je sers à tout. Dans la commune, je passe pour un marginal qui n'est pas si bête que ça !

Parfois, je me dis que je suis un « idiot pas bête ». On se fout de moi sans être méchant, mais on est bien content quand j'aide à rentrer les foins, quand je garde un gosse pour que ses vieux puissent aller au cinéma à Mortagne ou à Rémalard, ou bien à L'Aigle ou même à Verneuil, chez les Normands, dans l'Eure, bien que le curé m'ait dit que, dans le temps, on disait « Verneuil-sur-Perche ».

L'Eure, c'est à côté. Nous, on est dans l'Orne, mais on se paie quand même le bout de la terre d'Ouche ; une saloperie, cette terre-là : compacte et imperméable, elle refuse d'absorber l'eau et ne donne pas plus de trente à quarante quintaux de blé à l'hectare si on ne draine pas ! Mieux vaut faire de l'élevage que de se tanner à vouloir faire monter du blé.

Le Perche, on vous l'a peut-être appris, c'est un pays pour l'élevage. Les percherons, nos chevaux de trait, sont connus, bien qu'on n'en ait plus beaucoup !

Pour les vaches, ce ne fut pas mal à une époque, mais avec leurs quotas laitiers, à Bruxelles, tout le monde s'est mis à vendre ses bêtes, avec en prime les prix de la viande qui baissaient, surtout avec ces nouvelles maladies qui rendent nos bovins idiots...

Alors on revient au blé, à l'orge, au maïs... mais on ne pourra jamais changer la qualité de la terre, sauf si on draine. Mais drainer, ça empêche l'eau de filer dans les nappes et c'est pas si bon pour les inondations.

Près d'Alençon, là où la terre est meilleure, quelques gars font de l'agriculture biologique, vu que les Parisiens aiment la nourriture naturelle, sans engrais ni traitements. Si les Parisiens de Paris sont aussi malins que les nôtres, ici, qui ne savent pas reconnaître une salade de serre d'une laitue de plein champ, cela vaudrait le coup de faire du blé traité en disant qu'il est naturel et on aurait plus de sous, c'est certain !

*

À peine la descente entamée en pente douce, un virage plonge à gauche, puis à droite, et c'est le village, une rue centrale et deux voies latérales comme des bras en croix.

La commune est aux marches du Perche, blottie dans les plis que forment les collines. Elle est parsemée d'étangs avec des bois autour, en sentinelles.

Jusqu'à la Grande Guerre, le village avait mille habitants, la plupart vivant de culture ou d'élevage, le reste faisant commerce, ils activaient la bourgade. À cette époque officiaient un boulanger, un boucher, un sellier-bourrelier, un maréchal-ferrant et une mercière. Des colporteurs y venaient en saison. Les soirs d'hiver étaient peuplés des travaux quotidiens et les veillées suivaient, naturellement, avec leur lumière ocre et les mystères du verbe.

Il y avait quatre maîtres et maîtresses d'école, cinq cantonniers oscillant au bord des haies, deux auberges pompeusement baptisées « Hôtel des Voyageurs » et « Relais du Commerce », quatre cafés enfumés et moites, mais dont les caves étaient fraîches et sentaient le cidre.

C'était le temps des grands froids et des chaleurs lourdes, les saisons se faisaient respecter et les tables de multiplication étaient psalmodiées derrière les fenêtres entrebâillées de l'école. Le maître agitait sa règle de bois. Elle marquait l'ordre républicain et le respect du savoir.

Des relents de cuir et de sueur animale enveloppaient les rues tandis que le maire trottait à cheval, portant moustache et chapeau boule.

Le garde champêtre astiquait les cuivres de son tambour, sa plaque de loi et son autorité sans partage.

Tout le Perche vivait ainsi. Puis il y eut 1914 et le départ des conscrits. Les femmes remplacèrent les hommes à la boulangerie, mirent le cidre en bouteilles et jouèrent les charretiers.

Il y eut l'annonce des batailles perdues et la fierté de celles que l'on gagnait.

Il y eut 1917 et l'aigre soulagement que pas un des fils de la commune ne se trouvât parmi les mutins. Mais se glissa dans les âmes l'insidieuse lassitude à vivre un temps où la boucherie n'en finissait pas, à attendre cette victoire dont le prix augmentait avec les mois.

Chaque fête, chaque commémoration avait été le prétexte d'honorer les disparus, chaque enfant avait crié « Mort pour la France ! » à l'appel d'un nom, devant un monument dont on n'arrêtait plus de graver la pierre.

Il y eut l'armistice, la victoire et ses défilés, le retour des vainqueurs et l'absence de trente-deux maris, amants, pères, fils et fiancés tués, disparus, hachés menu en Argonne, en Picardie, dans la Marne et en Champagne.

Les labours reprirent, l'élevage, les noces, mais la vie avait changé.

Ce fut le début de la chute. On ne s'en aperçut que vers le milieu des années vingt. Elle fut lente mais régulière, liée au manque d'hommes, à la mécanisation agricole, à l'exode vers les villes et leurs manufactures.

Le village des marches du Perche, comme l'ensemble des communes du canton, avait tenu bon. En 1939, sept cents personnes y vivaient encore, s'accrochant à leurs exploitations agricoles, à leurs commerces, à l'élevage surtout. Les rues continuaient d'être parsemées du crottin des bêtes de trait et, si le bourrelier avait fermé boutique, un artisan ambulant, vivant quelques jours la vie de chaque ferme, faisait l'affaire.

Le boulanger n'était pas revenu de Verdun, mais son fils avait repris la boutique, avec en prime une mignonne étrangère qu'il avait ramenée de la forêt de Pail et qui jouait les pâtissières. Elle était pourtant française, la petite Paulette, mais de si loin ! Une Mayennaise... C'était un autre pays, avec un parler différent et une autre façon de rendre la monnaie.

*

Je n'aime pas les histoires. Enfin, celles où je suis dedans. Je préfère me taire, et pourtant, j'aime regarder, observer et tirer ma petite conclusion des problèmes des autres. Là, je suis très fort parce que personne ne se méfie de moi !

Cela tient à mon air un peu simple.

Pourtant, je le sais, dans le village, tout le monde m'a à la bonne : Julien par-ci, Julien par-là, « Viens boire un verre, Juju ! ».

Souvent, ils essaient de me faire boire, parce que quand je prends une cuite, je deviens à tordre de rire. Parfois, pour leur faire plaisir, je fais semblant d'être soûl, je fais mon numéro chez Raymonde et je file en titubant, à l'heure de la brume sur les étangs.

Quand je joue les ivroges, ils rigolent un bon coup, puis ne font plus attention à ma présence et se mettent à parler. J'apprends en une heure tout ce qu'ils considèrent comme des secrets. À la longue, je finis par en savoir un bon bout sur la vie des gens, leurs histoires de fesses, leurs envies et surtout leur passion pour les sous. Les sous, ça les découvre vraiment et ça explique tout le reste, les haines, les jalousies, les rancœurs et parfois même la misère pour certains.

Avant de mourir, mon père m'avait appelé près de lui. Les volets de sa chambre étaient fermés, on n'y voyait rien et j'avais failli me casser la figure contre une chaise. Sur le dossier de la chaise, il y avait une chemise bleue, rayée, sans col. Il n'avait jamais eu de chemise avec col, mon père. Il mettait toujours des cols durs, amidonnés, pour les grandes occasions : la mort de ma mère, huit ans avant la sienne, ou bien les messes de Noël ou de Pâques, ou encore quand il allait parler à maman, au cimetière.

– Juju, quand tu seras tout seul, reste à côté de l'argent. Prends-en que pour vivre.

Il m'avait dit ça, mon père. C'était il y a deux ans, et moi, j'en avais tout juste vingt-cinq. C'est dire que lorsque ma mère est morte, j'avais dix-sept ans. Mon père, avant de disparaître, en me regardant, il pleurait, il pleurait ! Et moi je lui disais :

– Pleure pas, ce n'est pas si difficile de mourir, tu sais, et puis tu vas rejoindre maman, tu n'auras plus besoin de te déplacer, l'hiver, pour aller lui causer, vous serez à côté l'un de l'autre.

Et lui pleurait de plus belle.

– C'est pour toi que je pleure, mon gars, tu vas être tout seul à te débrouiller, maintenant, et ça me fait peur parce que tu n'as pas de défense !

J'en avais plus qu'il croyait, de la défense, mais il ne pouvait pas comprendre. Lui aussi me croyait un peu simple.

Il faut dire qu'avec la tête que j'ai, je ne suis pas vraiment gâté, mais cela ne me gêne pas. Ou plutôt, elle me gêne beaucoup moins qu'avant, vu que mes rapports avec les filles ne sont plus les mêmes. Avant, j'essayais de leur plaire, elles me faisaient marcher et je n'arrivais pas à les embrasser. À présent, c'est drôle, ce sont elles qui me courent après. Pourtant, ma tête n'est pas mieux qu'avant.

J'ai commencé à comprendre quand un copain m'a dit que les nains et les bossus troublaient les femmes.

– Mais je ne suis pas nain, et je n'ai pas de bosse dans le dos !

– Non, mais avec la tête que tu as, cela revient au même...

Maintenant, je sais, oui, que je dois les troubler parce que, depuis la mort de mon père, je commence à avoir des aventures terribles, mais les gars d'ici ne le savent pas. Même quand l'histoire m'arrive avec des filles qu'ils connaissent bien, vous voyez ce que je veux dire...

*

Les hommes changent. Le climat est ce qu'il était il y a des siècles, âpre, difficile à supporter. Les hivers sont cinglants, surtout en février et mars ; les demi-saisons se confondent sous les mêmes pluies, et l'été, quand il existe, est bref comme un trait d'union, sec, brûlant. Un vrai climat secoué ! La terre se mouille, on patauge après dix minutes d'ondée. Elle se dessèche et se craquelle en trois jours de soleil. Les fleurs, dans ce pays, ne sont vraiment belles que sauvages, anarchiques, au bord des routes, le long des futaies. Les plus belles s'épanouissent entre les haies d'aubépines, à proximité des mares à bestiaux, sur les sentiers de sangliers, ou bien cachées, entre les murs des maisons détruites, habitées par les vipères.

Le combat des arbres est différent. L'humidité du sol, l'eau conservée longtemps dans les couches imperméables de la terre, tout cela les rend combatifs, comme s'ils avaient appris à travers les âges à triompher d'une longue lutte.

Trouvant difficilement dans le sol l'assise et la nourriture dont ils ont besoin, plusieurs années sont nécessaires à l'explosion des plants, à la victoire qui les pousse au ciel. Ils n'en deviennent que plus forts et indéracinables. L'heure de la coupe venue, ce saccage accroche le cœur.

La forêt percheronne ressemble à un réduit protégé par les collines arrondies. Longtemps les villages ont semblé n'avoir qu'un simple droit de clairière. Chaque village, chaque commune, s'incruste, se love à l'abri des vents, dans les replis du relief, et laisse à la forêt les pentes incultivables, les hauteurs farouches.

Ces arbres-là, jusque dans les années quarante, faisaient vivre les hommes et les métiers du bois dans les cantons de Longny, Bellême et Rémalard.

Longtemps les bruits de la faune, les gémissements de la végétation, les craquements des fûts centenaires furent entrecoupés du coup sec et sonore de la cognée, de l'effondrement bruissant des chênes, des hêtres, des épicéas, du martèlement un peu frotté des haches dégageant l'écorce de la base d'un tronc, de la chanson aiguë du « passe-partout », la scie qui achève la chute après avoir débité les cimes, ébranché les ramures maîtresses.

Les « scieurs de long » débitaient les grumes pour en faire du bois d'œuvre. On entendait le grincement des essieux des diables et des trinqueballes qui emportaient ces énormes billots vers les scieries de Brochard, Saint-Victor-de-Reno, Longny, Marchainville ou La Fontaine-Simon.

Les forêts du Perche étaient vivantes, riches de leurs occupants naturels mais aussi des hommes qui tiraient leur vie du bois.

Tout faisait usage. Les perches des taillis étaient abattues et fagotées pour servir au chauffage ; les falourdes, composées de rameaux secondaires taillés à vingt centimètres, servaient d'allume-feu aux bourgeois des villes, aux notables de la région.

Le hêtre et le chêne étaient destinés aux cheminées des fermes et aux demeures nobles ; le bouleau, le tremble, l'épicéa et le pin allaient dans les fours des boulangers, ils chauffaient court, leurs flammes étaient plus vives, plus limpides et bonnes au pain.

D'étranges hameaux surgissaient sous les

arbres : petites huttes faites de minces rondins de chêne et dont un promeneur du chef-lieu n'eût pas su reconnaître la fonction. On les appelait les meules, elles étaient de bois. Carbonisées lentement, avec art, elles donnaient le charbon de bois dont les forgerons, les charrons et même les repasseuses se servaient.

Ainsi vivaient les bois, et vivait-on d'eux.

Parce qu'elles fascinaient les hommes, leur servaient de refuge et de gagne-pain, les forêts s'étaient vu attribuer des noms de chefs-lieux de canton, parfois de sous-préfecture.

Les bois, plus petits, plus proches des paysans, avaient des patronymes moins prestigieux, mais empreints de mystère et de poésie. Les forêts étaient des seigneuries, les bois leurs vassaux.

*

Mon père, bien avant la guerre, lorsqu'il était jeune et fort, travaillait en forêt. Son métier, il l'aimait plus que tout, il disait qu'il était libre et n'avait pas de comptes à rendre. Il partait très tôt le matin. C'est ma mère qui me raconta tout cela quand j'étais petit, parce que quand il faisait ce métier, je n'étais pas encore né et il n'était même pas le mari de ma mère. Il rentrait le soir, à l'heure de la soupe, et encore, pas toujours, car il fallait que son bois ait fini de brûler.

Il était charbonnier, mon père. Mais quand il annonçait la couleur, il prenait bien soin de dire : « Charbonnier de charbonnette, monsieur. Ne pas confondre avec les mineurs de fond. Mon charbon à moi est près du bon Dieu. L'autre côtoie le diable. »

Après la guerre, il a voulu continuer, mais le charbon du diable était plus intéressant pour tout le monde. Et puis, avec l'arrivée de fours électriques chez les boulangers, la disparition des chevaux et en même temps des petites forges, il n'a plus rien vendu.

Ma mère m'a souvent raconté la figure qu'avait mon père, le soir où il a brûlé sa dernière meule, ensaché ses dernières charbonnettes dans son dernier jute.

Ce dernier sac, mes parents n'ont jamais voulu le vendre. Ils l'ont gardé au grenier, comme une relique ! C'est un peu comme la statue de Notre-Dame-de-Pitié, qui devait aller au Val-Dieu et est restée à Longny depuis des siècles et des siècles, les gens du canton ont construit une chapelle par-dessus pour la protéger de l'eau.

Le charbon de bois, c'est fini, sauf pour les barbe-

cues des Parisiens, ou quand on se prend à faire un méchoui. On n'en faisait jamais, dans le temps, des méchouis, me disait mon père, c'est devenu une habitude quand les gars du canton sont revenus de la guerre d'Algérie. Là-bas, le mouton grillé est un plat national, leur boudin du Perche, quoi !

De même qu'ici, on élève des moutons depuis toujours, on s'en attrape un beau, bien ce qu'il faut, un agneau de deux ans, et on fait la fête autour.

Mais les vieux charbonniers, ceux qui ont connu, disent-ils, la « forêt sonore », vous racontent que dans le temps, plein d'artisans utilisaient le charbon de bois, et ce ne sont pas quelques misérables barbecues qui vont faire revivre leur beau métier.

Tiens, voilà le maire et les conseillers municipaux qui sortent de la mairie. Ils terminent leur réunion et vont sûrement prendre un apéritif chez Raymonde, c'est toujours ainsi que ça se passe.

Comme quoi il reste des traditions, même si les métiers du bois et les chevaux n'existent plus.

*

Sainte-Marche-au-Perche compte aujourd'hui deux cent quatre-vingt-dix âmes.

Arsène Pichon, le maire, pour avoir observé la lente agonie de sa commune, s'est fabriqué une religion. Stoïque aux yeux secs, il assume sa charge sans heurt, essayant de contenter ses administrés, de tempérer les querelles ancestrales, de défendre les fermiers sans porter préjudice aux commerçants, ni oublier les résidences secondaires. Arsène sait œuvrer en douceur, il en est à son quatrième mandat et fêtera son soixante-dixième anniversaire dans quelques jours.

Souvent complice, parfois bourru, il joue de ses rondeurs, le bras facilement enveloppant, mais aussi la taloche facile et la main leste, à faire déguerpir les gamins du bourg lorsqu'il les surprend, agrippés aux basques de la mère Pilou, lançant des cailloux dans les vitres du Moulin-des-Rosiers ou bouillonnant dans les taillis du Fossé-Neuf. Vingt ans auparavant, lors de sa première élection, il avait mené sa campagne tambour battant, prêchant le renouveau de la commune, rendant espoir à qui n'y croyait plus, aux cultivateurs, amorphes d'avoir trop connu de défaites, nostalgiques du passé. Étourdis par la régression du village, ils s'étaient accrochés aux coutumes, habitués à perdre face au changement !

Sainte-Marche demeure une commune rurale, agricole, et longtemps le conseil municipal fut exclusivement composé de paysans.

Le drame, pensait Arsène, c'est qu'ils ne s'appellent plus des paysans. Les gens d'ici avaient été serfs, puis croquants, puis métayers, enfin paysans et agriculteurs. À présent, le maire de Sainte-Marche avait affaire à des exploitants agricoles. Signe des temps, songea-t-il : aujourd'hui, ils exploitent la terre, hier ils fertilisaient la mère nourricière.

Tout cela n'avait rien d'encourageant. Ses concitoyens se battaient contre un sol qu'ils n'aimaient plus, pour augmenter les rendements. Arsène savait que la terre ne donnerait pas plus qu'elle ne pouvait.

La veille, à la foire de Bonneval, un Beauceron de la plaine lui avait dit son inquiétude :

– Plus rien, je vous dis, rien de rien. Dans des endroits à gros rendement, ils ont cessé la culture.

– Vous êtes sûr que c'est à ce point ? avait questionné Arsène, ravi d'apprendre que des fermes beauceronnes étaient en difficulté. Et où cela se passe-t-il ?

– À côté, près d'Étampes, mais aussi plus loin, à proximité de Voves, et encore vers Illiers. Y a plus d'humus. Rien ne rend plus. La terre est fatiguée, morte...

– À force de lui avoir tiré le sang, fallait s'y attendre, avait grommelé Arsène, scandalisé d'entendre que les Beaucerons s'attribuaient Illiers dont une des deux paroisses avait appartenu jadis au comté du Perche.

– Peut-être bien. À présent, ils vont y broyer de la paille pendant au moins deux ans, refaire l'humus, cesser les produits. En attendant, ça fait beaucoup de sous, pour une terre qui ne rapporte pas.

Cesser les traitements ! Pour un Beauceron, cela devait coûter en effet, d'en parler.

Songeur, le maire de Sainte-Marche suivait ses dix conseillers municipaux. Tous hâtaient le pas pour arriver au café de Raymonde, à l'intersection des deux rues principales du bourg, face au monument aux morts. Le vent d'ouest se leva et la pluie se mit à mouiller les marcheurs.

– Une pluie de Bretons ! cria Antoine Quitel, son adjoint, en se retournant vers lui.

– Ma parole, il a l'air d'aimer ça, la pluie, marmonna Arsène.

On l'attendait, cette pluie, depuis plus de quinze jours. Sans eau, les cultures commençaient à souffrir. Le maïs, surtout, levait mal. Le deuxième vendredi de juin s'achevait et le soir, doucement, tintait de mauve les façades du bourg. Elle pouvait tomber, la pluie, sans faire de mal. Les foins étaient rentrés et les moissons de blé encore longues à venir.

Seuls, les Parisiens allaient faire grise mine et s'écrier, maussades :

– Il fait beau toute la semaine et il faut que ce temps de cochon arrive la veille du weekend !

Eh bien, ils se couvriraient, c'est tout ! La terre vaut plus que le plaisir de se bronzer au soleil. Rassuré, Arsène leva la tête et regarda les nuages qui couraient bas. Cette pluie-là était une bénédiction, installée pour durer.

Rien à voir avec ces orages qui inondent sans mouiller, et cessent aussi soudainement qu'ils se sont annoncés. L'humidité brumait l'air, transperçait les habits, pénétrait la gorge, enveloppait les membres. Elle agirait en profondeur et le sol allait enfin respirer.

Quand le vent est d'ouest, il apporte l'eau dans ses bourrasques. Et le Perche aime l'eau. Comme les hérons : il lui faut vivre les pieds dedans.

Des mouettes criaient, éraillées, avides, au-dessus de l'étang de M. de Mazures. Arsène les regarda, elles aussi étaient un signe des temps.

– Y a trente ans, ces oiseaux-là, on ne les voyait qu'à la mer...

Arsène reconnut Julien, déjà tout trempé, emmitouflé dans son éternel caban bleu marine et coiffé de ce bonnet qui lui donnait l'air d'un Pierrot des bois.

– Il y a trente ans, tu n'étais pas né, Juju, fit-il en souriant.

– Mais je sais quand même, monsieur le maire, mon père me l'avait dit, avant...

La voix de Julien trébucha et ses yeux, l'un noisette et l'autre vert, s'embuèrent. Pour se donner une contenance, il sortit de sa poche un mouchoir gris, immense, digne d'un cantonnier de la vieille époque.

– Ton père avait raison, mon gars, ajouta le maire. Avant, elles ne venaient pas chez nous !

Il n'aimait pas entendre Julien parler de son père. Invoquer les morts n'apportait rien de bon. Et puis Julien, dans cet état, lui faisait mal. Il l'aimait bien, Julien, avec sa tête étrange, autant qu'il avait été attaché à son père, Norbert Priat, le charbonnier.

Mais Norbert n'était plus là pour raconter sa forêt, ni ses fables à vous causer des frissons, et qu'il soufflait comme un secret.

*

On est tout au bord du Perche, le maire m'a expliqué un jour que c'est pour cela qu'on s'appelle Sainte-Marche. « Être à la limite d'un pays, m'a-t-il dit, cela s'appelle les marches. »

Une autre commune, pas loin d'ici, est pareille à

nous, Marchainville. J'ai appris qu'il y avait plein de villages, en France, qui étaient sur des marches. Même si on n'est qu'au bord, on se trouve dans le Perche et les ministres et les députés peuvent nous mettre en Normandie et faire ce qu'ils veulent, on n'est pas normands, ni d'ailleurs.

Il paraît que c'est pareil tout autour. Autant dire que nous, les Percherons, sommes cernés par tous ceux qui ne veulent pas qu'on existe. La région du Centre a même pris un bon bout de notre Perche.

Au sud, il y a les pays de Loire. Mon pays à moi a été important à l'époque du comte de Rotrou et de M. Gouet. C'était une région dans l'ancien temps. Tout comme la Bretagne ou la Bourgogne. Eh bien, les pays de Loire ont eux aussi volé une partie du Perche !

Au nord et à l'est, il faut à peine en parler, ce sont les plus grands voleurs ! Avec eux, c'est simple, le Perche n'existe pas ! Ils l'ont mis en Normandie, un point c'est tout ! Et en plus, c'est la « Basse »-Normandie. Si elle était plus haute, on aurait de la chance parce qu'elle serait plus loin.

Quand j'ai appris tout ça, j'ai demandé à l'instituteur de m'expliquer l'histoire du Perche, la province qu'elle était autrefois.

Mais M. Véron m'a répondu qu'il était républi-

cain, que je n'allais pas commencer à jouer les autonomistes à la façon des Bretons, que les vieilles régions fabriquées par les rois, provinces, comtés, marches, c'était fini.

– Mais quand même, monsieur Véron, l'Alsace et la Lorraine étaient passées prussiennes, vous en parliez à l'école quand j'étais gosse.

– Ce n'est pas la même chose, Julien, la France est une nation avec une culture, une longue et une belle histoire. L'Alsace et la Lorraine étaient à nous, ce sont des régions à part entière.

C'est ainsi que j'ai appris que le Perche n'avait pas d'histoire, ni de culture, puisqu'on n'avait même pas le droit d'être un département. Cela m'a fait un coup. J'avais l'impression de vivre dans un pays où il n'y aurait rien de différent des autres : pas de collines, des forêts toutes plates, sans animaux, pleines de piqueniqueurs, des maisons copiées de Paris, des toits en zinc à la place des tuiles de chez nous, des rivières bardées de quais tout le long, et des étangs sans colverts mais avec des promeneurs en bateau, baladeurs aux oreilles pour ne pas entendre le chant des oiseaux.

Je lui ai dit, à l'instituteur, que le Perche deviendrait sûrement un parc naturel.

Il m'a regardé d'un drôle d'air, il a ouvert la bouche

comme s'il allait parler, puis il m'a tourné le dos et est rentré dans son école, mais lentement, du pas d'un homme fatigué.

*

Maxime Véron, l'instituteur de Sainte-Marche, vivait sa dernière année d'enseignement avant la retraite.

En quittant Julien, il songeait à ce qu'avaient été ses quarante années d'apostolat laïc auprès d'autant de générations d'enfants.

Il les prenait à la sortie de la maternelle et tentait de les mener au seuil du cours moyen. Trois classes, réunies en une seule salle, avaient, du début à la fin, peuplé son univers. Il avait refusé les uns après les autres tous les changements de poste qui lui avaient été proposés.

Les années cinquante avaient d'abord été semblables à celles de l'avant-guerre : mêmes cours et mêmes principes laïcs et républicains dans un milieu d'agriculteurs conservateurs.

Il avait connu les dures empoignades avec des parents catholiques, avec certaines familles coupant la gourde d'eau de calva pour le « quatre-heures » des gosses.

Il avait prodigué les éternelles explications, que les moissons ne dispensaient pas les enfants d'aller à l'école et que le principe d'éducation était le même pour tous.

Comme tant de hussards de la République avant lui, il avait repéré les enfants méritant de poursuivre au-delà du certificat et les avait recommandés au rectorat afin que les inspecteurs les défendent face à des parents soucieux de les voir quitter l'école pour aider à la ferme.

Il avait parfois réussi et beaucoup échoué.

Il observait à présent les rares réussites perdues dans la masse de talents pulvérisés.

Julien faisait partie de la foule d'enfants stoppés net dans leur progression. Appelé par son père au charbon de bois, Julien avait quitté l'école à quatorze ans, son BEPC brillamment réussi.

La forêt et son monde avaient rapidement exercé leurs droits sur l'adolescent.

Au début, Julien avait été entraîné par ses compagnons charbonniers ; pendant un temps, plus rien ne l'avait différencié d'eux et de leurs habitudes : les beuveries tardives à l'issue du travail, le langage d'homme et ce qu'ils appelaient, virils, la formation du garçon !

Passé sans broncher cette première expérience pour laquelle il n'avait profondément aucun goût, il avait repris son ancien rythme de petit bonhomme lunaire et curieux.

Julien boitait. Il avait conservé son visage d'enfant. Sa petite taille avait fait de lui une fragile mascotte, ballottée dans un monde d'adultes.

Il vivait en demi-étranger les coutumes de ce monde qui l'entourait, et conservait une finesse de pensée qui étonnait. Il posait sans cesse des questions aux adultes qu'il pressentait capables de lui apporter quelques lumières et d'étancher sa soif d'apprendre, compensant ainsi l'abandon de l'école. Les habitants de Sainte-Marche s'étaient attachés à ce drôle de lutin dont ils ne distinguaient pas très bien s'il s'agissait d'un simple ou d'un faux naïf à la candeur désarmante, tant ses raisonnements les surprenaient.

Une partie du village riait de ce qu'elle pensait être une forme d'idiotie, quelques autres l'observaient avec remords.

Maxime Véron était de ceux-là. Il s'était battu pour que le petit rouquin boiteux demeure à l'école. Il avait perdu cette bataille contre les usages du pays. Pour se pardonner cet échec, il avait suivi l'adolescent, accepté sa fréquentation et ses questions, l'aidant dans sa quête d'autodidacte en mal de savoir.

Julien avait toujours été fasciné par l'histoire du Perche. Sa soif de connaître ce qu'avait été cette ancienne province royale heurtait le vieil instituteur républicain. Le garçon l'abreuvait de questions sur les nobles et les vassaux qui avaient façonné ce pays-là. Au terme de sa vie d'enseignant, Véron avait fini par se prendre au génie des lieux et aux magies de l'histoire, et sa vieille ferveur de laïc syndiqué en avait été ébranlée. Julien l'avait amené à un état de mystérieuse nostalgie, conservatrice des coutumes et gardienne des traditions.

Il lui fallut compléter sa culture pétrie des grandes mythologies du peuple et de la France en majesté chères à Michelet et Ernest

Lavisse, y ajouter l'apprentissage de son propre petit pays et de son passé. Il remonta le temps, surpris au fur et à mesure par ses trouvailles. Il découvrit l'existence des manoirs Renaissance recouverts de chaux ocre, ayant appartenu à une noblesse de campagne désargentée. Il parcourut les prairies boquetées, peuplées de percherons en repos d'ouvrage.

Tous les étangs et les forêts de la région, repaires étranges et somptueux de cerfs élaphes, de petites salamandres, de roitelets bandeaux, de loriots et de vanneaux avec leur huppe, lui devinrent familiers.

Finalement les tourbières du Perche lui parurent aussi belles que celles d'Irlande ou du Jura illustrant La Blache, les talus qui bordaient les routes et les chemins du canton aussi fleuris que les glorieux alpages de l'immuable Manuel élémentaire de géographie. Rien n'était neutre dans ce pays, ni l'histoire, ni la faune, ni la flore.

L'instituteur constitua une bibliothèque, apprit à Julien, soir après soir, que le Perche avait été un comté indépendant et que ses suzerains portaient des noms de rois :

Geoffroy Ier, Rotrou III... Il imagina pour son élève unique l'arrivée de Blanche de Castille et le siège qu'elle avait mené sous les murs de Bellême durant l'hiver 1229.

Cette intégration de l'histoire, la force de ce paysage intemporel, traversé par les hordes de soudards, coincé entre les alliances bretonnes, les occupations anglaises et les convoitises du roi de France, fascinaient le disciple et son maître.

Les exécutions en place publique des quelques seigneurs qui avaient osé rêver d'un Perche indépendant, le démantèlement des forteresses leur ayant appartenu et la main de fer du roi Louis XI sur la province firent naître en eux une étrange fierté percheronne.

La belle Marguerite de Lorraine, veuve du duc d'Alençon avait pris son pays en affection et s'était acharnée à le reconstruire durant les dernières années du XVe siècle. Julien lui voua un culte savant.

De lecture en lecture, il apparaissait que les grands seigneurs étaient plus éloignés de leurs vassaux que ceux-ci de la population des fermes, allant jusqu'à prêter leurs chevaux pour les travaux des champs, labourant eux-mêmes à l'occasion.

Cette petite noblesse laborieuse troubla l'instituteur, et le Perche et son passé finirent par le réconcilier avec une histoire prérévolutionnaire qu'il avait toujours rejetée par intégrisme républicain.

*

J'ai pensé à l'endroit où sont les morts et comme je n'en étais pas loin, j'en ai profité pour aller saluer mes parents, leur parler un peu et leur dire qu'il ne fallait pas qu'ils s'inquiètent pour moi, que tout allait très bien et que je tenais la maison aussi propre qu'avant.

Pour aller au cimetière de Réveillon, il faut traverser Sainte-Marche et passer La Pichonnière. Avant de quitter le village, je suis passé devant la mairie et j'ai vu le maire sortir et se mettre la casquette sur la tête parce qu'il commençait à pleuvoir. Le vent venait de tourner à l'ouest et la pluie allait tomber pour un bout de temps.

Debout au milieu de la rue, le maire regardait les mouettes avec un œil vague, tout étonné de les voir là. Je lui ai dit qu'il y a trente ans, on ne les voyait qu'au bord de la mer. C'était simplement histoire de parler avec lui et j'avais l'impression qu'il n'était pas pressé de rejoindre ses conseillers municipaux qui filaient chez Raymonde. Il aime bien parler avec moi, le maire. Il est l'un des rares à ne pas me prendre pour un simple. Là où ils étaient, mes parents pouvaient bien attendre quelques minutes de plus que je cause avec M. Pichon.

Je ne sais pas si c'est une question de patience, comme les livres qui parlent de la vie des saints, mais avec moi, le maire ressemble à cet apôtre assis sur la margelle d'un puits, qui écoute avec de la douceur. Chaque fois qu'on est deux, lui et moi, on dirait une image.

Et moi, avec lui, je suis avec mon père, c'est pareil et je suis bien.

III

Corentin Le Blic était mort à la Toussaint de 1980 à l'âge de quatre-vingt-six ans. Il repose dans le petit cimetière de Réveillon, à deux cents mètres de La Chauvallonnerie, en bordure du bois impérial.

Réveillon, c'est déjà l'Eure-et-Loir, mais le Perche déborde largement sur la commune de La Ferté. Corentin repose donc en pays percheron.

Ramassées au pied d'une antique chapelle dont les portes ne s'ouvrent plus, les tombes sont envahies d'herbes folles et les croix de métal ouvragé accusent la rouille.

À peine plus gros qu'un ru, un ruisseau coule à proximité.

On l'appelle le Buternay et, non loin de là, un étang lui a volé son nom. En fait d'étang, il s'agit d'une large mare, enfouie parmi les ormes, les saules et les trembles. L'endroit est exceptionnellement doux et de grandes grenouilles y coassent trois saisons sur quatre, donnant au lieu une vie intense aux abords d'une étrange société de paix voulue pour les morts.

La sérénité des lieux, la cohabitation des rumeurs de la faune avec le bruissement de la flore et le silence des trépassés appellent à l'émotion, et les croyants à la prière.

Le cimetière où repose Corentin est au centre de ce repos sonore. Il avait décidé de ce lieu pour son dernier sommeil, n'en connaissant évidemment pas l'origine profonde.

L'église au pied de laquelle il entendait reposer était l'une des plus anciennes du pays percheron. Huit siècles la séparaient de Corentin.

Réveillon avait connu les baptêmes des Percherons qui allèrent peupler le Québec au XVIe siècle, et les corps de leurs aïeux gisent là. Le calvaire rappelle que les enfants du Perche s'établirent sur les hauteurs des Laurentides. Des « Laverdure » y viennent en pèlerinage afin d'y honorer les absents dont l'âme demeure présente.

Sur la pierre tombale de Corentin, les inscriptions nommant l'immigrant breton s'étaient estompées au point qu'il n'était plus possible de les déchiffrer. Les tombes de Réveillon vieillissaient plus vite que la nature environnante. Les dalles se piquetaient sous l'assaut des pluies.

Le hasard de la destinée avait lié la mort de l'immigré breton à celle d'un autre immigré, venu, lui, de Paris et tombé tout autant amoureux du Perche. Non loin de la tombe de Corentin, repose Louis de Rouvroy, duc de Saint-Simon, dans l'église Saint-Nicolas, à l'ombre des ruines du château de La Ferté-Vidame dont il fut le seigneur. Louis, son père, avait pris possession de ce fief en même temps que Louis XIII l'élevait au rang de duc.

Le destin de Corentin fut celui d'un paysan effacé et laborieux. Celui de son illustre prédécesseur dans le Perche fut d'être le chroniqueur de la Cour, trois siècles auparavant.

La mort les avait rapprochés, l'un dans son petit cimetière enfoui sous la végétation, le second dans sa sépulture princière de La Ferté.

Quelques années seulement après la mort de Corentin, des peintures murales, longtemps dissimulées derrière un revêtement de chaux, furent mises au jour et restaurées.

Elles célèbrent le trépas et son éternité, reléguant au second plan la vanité des vivants. Trois seigneurs joyeux, richement parés, sont interpellés par trois cadavres. Cette scène est vieille comme l'Église. Les trépassés disent aux riches : « Ce que vous êtes, nous l'étions, ce que nous sommes, vous le serez. »

Bref, Corentin, en sa sépulture, rappelait M. de Saint-Simon à la modestie des mortels.

Peu de temps avant la mort du père d'Hilaire, le curé de Sainte-Marche lui avait confié : « En ces lieux, la nature proche des humbles l'emporte sur les mausolées des riches dans les grands cimetières des villes. »

Réveillon faisait de Corentin un roi parmi les morts.

*

De retour à Sainte-Marche, Julien gagna l'école, frappa au carreau de l'escalier menant au logement de l'instituteur, au-dessus de la salle de classe. Il narra sa visite à Réveillon. M. Véron venait de terminer une *Vie de Saint-Simon*. Il entreprit, après avoir laissé Julien parler, de raconter l'étrange visite du redoutable duc, presque deux siècles et demi plus tôt, au même cimetière de Corentin.

« C'est en octobre 1754... » L'automne empourprait son domaine. Cette saison, propre à sa nostalgie, était la préférée de Saint-Simon.

Depuis la mort de son épouse, il avait laissé le parc à vau-l'eau, et la nature y avait repris ses droits. Dernier ordonnancement dans cette exubérance, les grandes allées du couchant continuaient d'être fauchées une fois l'an, en juillet, à la fin de la pousse. Les étangs, à l'abandon, étaient envahis de nénuphars dont les tiges, sous les eaux, enlaçaient d'étranges plantes aquatiques.

Cette flore nouvelle avait chassé les cygnes princiers, témoins d'une splendeur passée. La végétation, travaillée autrefois par des dizaines de jardiniers, s'estompait. La nature domestiquée faisait place, après dix ans d'abandon, à la forêt.

Octobre imposait ses rousseurs flamboyantes à ce parc déchu, et le vieux duc opposait en esprit ces bois redevenus maîtres du terrain aux hommes qui, eux, ne connaissent pas de résurrection.

M. Véron continua son récit, embellissant chaque scène :

« L'automne de ma vie », songea, je suppose, Saint-Simon, avec amertume.

Cette année 1754 avait été celle du désespoir et du découragement. Dans six mois, il aurait quatre-vingts ans, sa femme, la duchesse Gabrielle, était morte prématurément d'un « coup de froid » onze ans auparavant. Son fils aîné s'était éteint quatre ans plus tard. Le coup de grâce lui fut infligé en mai 1754, à la mort de son deuxième et dernier fils, cinq mois avant cette promenade d'automne qui le rendait si nostalgique.

Cette journée d'octobre était la sienne. Que lui restait-il donc à présent ? Qui porterait son nom, assurerait la pérennité de son titre et la publication de ses quelque deux mille cinq cents pages de mémoires achevées depuis deux ans ?

Le vieux duc frissonna, se rappelant peut-être ce qu'il avait dit à ce dernier fils : « Vous conserverez ces mémoires au secret, monsieur, et vous ne les publierez que dans quelque dix ans, donnant ainsi à mon œuvre le sens historique qu'exige le temps. »

Saint-Simon leva la tête, fixa la cime des arbres. Les feuilles rousses s'en détachaient à chaque coup de vent d'ouest. Elles tournoyaient en tombant jusqu'aux pieds du promeneur.

Le duc comprit que son voyage d'homme arrivait, pareillement à ces feuilles, à son terme et que cette promenade dans ses terres était la dernière de son existence.

Parvenu aux deux grandes pièces d'eau bordant l'allée ouest du château, il fit signe à son cocher de le rejoindre avec la calèche qui suivait à distance lors de ses promenades.

Ils revinrent au château en crochetant par l'aile nord, faisant halte devant l'église Saint-Nicolas. Dans le caveau familial, sa femme attendait sa venue.

Lors de son voyage à Paris dans son hôtel de la rue de Grenelle, ce dernier été, il avait convoqué son notaire, Me Delaleu, et dicté un ultime ajout à son testament.

« Écrivez, monsieur, ordonna-t-il, habité par la mort de son dernier fils et songeant au seul être à qui il ait jamais voué quelque tendresse. Écrivez... “Je veux, de quelque lieu que je meure, que mon corps soit apporté et inhumé dans le caveau de l'église paroissiale dudit lieu de La Ferté auprès de celui de ma très chère épouse... ” »

Le notaire ne soufflait mot, respectant poliment la solennité du moment, mais ne put s'empêcher de lui adresser un regard ébahi en entendant le vieux duc, d'une voix qui ne souffrait pas de réplique, ajouter :

« ... Et qu'il soit fait et mis anneaux, crochets et liens de fer qui attachent nos deux cercueils si étroitement ensemble et si bien rivés que rien ne puisse les séparer l'un de l'autre sans les briser tous les deux... »

C'est peu de dire que le lait de la tendresse humaine ne courut jamais, au grand jamais, dans les veines du génial chroniqueur. Chacun, à la Cour, se souvenait de ses écrits et jugements, tous plus acerbes les uns que les autres, et ses innombrables ennemis avaient encore en mémoire les marques épistolaires qu'il leur avait adressées.

Quelques mois auparavant, Villars, son adversaire préféré, élevé à la dignité de pair du royaume, hypocrite, le lui avait annoncé par courrier. La réponse ne se fit pas attendre : « Je vous remercie, monsieur, de la nouvelle que vous avez pris la peine de m'apprendre. Je vous prie de vous aller faire foutre et de me croire votre très humble et très obéissant serviteur. »

Après avoir dicté ses volontés à son notaire, Saint-Simon retourna en son fief de La Ferté. Il savait que ce voyage, dans ce Perche qu'il aimait tant, serait le terme de sa vie.

Les premiers frimas d'octobre se faisaient sentir.

Sorti de l'église Saint-Nicolas, il remonta dans sa calèche. Le cocher allait pour le ramener au château mais, contrairement à ses habitudes, le vieux duc lui ordonna de se rendre au bout de la grande allée menant à l'extrémité de ses terres.

À deux lieues de La Ferté, il fit arrêter l'attelage.

La vieille chapelle de Réveillon, en bordure de ses domaines de Sainte-Marche, semblait, elle aussi, attendre sa visite.

Saint-Simon observa les pauvres sépultures rassemblées au pied de la petite église. Les tombes étaient mal entretenues, certaines n'étaient plus visibles. Il songea, j'imagine, que la destinée des grands de ce monde n'était décidément pas l'égale de celle du peuple, jusque dans leur repos éternel.

Rassuré dans ses opinions, il remonta péniblement dans la voiture frappée à ses armes et s'en retourna vers les splendeurs de son château de La Ferté.

Le lendemain de cette journée d'automne, il rentrait à Paris.

Il mourut cinq mois plus tard, en son hôtel de Grenelle.

La cérémonie parisienne eut lieu dans une

quasi-indifférence à l'église Saint-Sulpice. Cet homme, qui n'était pas aimé des habitués de la Cour à qui il faisait si peur et dont les jugements étaient attendus avec effroi, n'était enfin plus à craindre !

Son cercueil fut ramené à La Ferté et, selon ses vœux, enchaîné à celui de son épouse. Dispersées à la Révolution, sa dépouille et celle de Gabrielle reposent à même la terre humide du Perche, dans une fosse commune, à quelques lieues des tombes, elles intactes, des manants de Réveillon...

Dans la région, on ne se bouscule pas pour être enterré à Réveillon. L'eau est à fleur de terre et, dans les caveaux, les cercueils flottent, ballottés par une marée souterraine. De son vivant, Corentin avait décidé qu'il reposerait là, « parce que, disait-il, l'eau conserve les corps et empêche la vermine de vous bouffer jusqu'à l'os ».

Le curé de Sainte-Marche, l'abbé Roudière, s'était fâché :

– Corentin, quand on est mort, on est mort ! Ton âme, elle, ne risque pas d'être mangée !

– Peut-être bien, monsieur le curé, mais mon âme sera mieux à regarder mon corps entier plutôt que des restes tout pourris.

Il avait tenu bon, Corentin, et la veille de sa mort, l'abbé, bon prince, avait cédé à ses injonctions. Dans la grande salle de La Douvellerie, à l'heure du viatique, Corentin le remercia. Il n'avait jamais été un bavard. Un simple regard, une pression de la main suffirent.

Au soir du 1er novembre, il s'en était allé, signant son passage dans l'au-delà d'une phrase brève que personne ne comprit. C'était du breton. À quelques secondes de la fin, Corentin avait connu la fulgurance du souvenir, la vision claire, éblouissante ,des grands moments de son existence : son enfance à la ferme de Priziac, dans le Morbihan, non loin du Faouet, l'émerveillement des baignades et des pêches interdites dans l'étang du Bel-Air, en bordure de la terre familiale, l'image d'un père veuf, prématurément vieilli, raide comme la justice, usé d'avoir sans relâche tracé des sillons.

Il revécut le labeur qui lui avait été imposé,

tout jeune, à la ferme, ses journées occupées à tuer le chardon à l'aide d'une baguette de frêne biseautée, coupant la tige à la base afin que les pluies achèvent les racines par pourrissement.

Il revit la traite des vaches, deux fois par jour, dimanche compris, le troupeau égaré sur des terres voisines et les nuits passées à sa recherche.

Il se vit, assis sur les bancs de l'école, lorsque le travail de la terre ne réclamait pas ses bras d'enfant. Il s'entendit chuchoter en breton, langue interdite par le maître.

Toute sa jeunesse trébucha devant ses yeux clos. Elle s'était écoulée en coup de vent, sous un ciel gris de plomb, avec en prime une terre lumineuse, et toujours, toujours lui, à genoux dans la glaise, les mains maculées de boue.

Son départ pour la Grande Guerre, en mai 1916, fut un soulagement. Le front ne pouvait être plus dur à supporter que sa vie de coltineur.

Pour la première fois de son existence, il mangea à sa faim.

Puis, très vite, ce fut l'horreur. Le temps

d'apprendre à tuer et il participa à l'enfer. Ce fut d'abord l'offensive de juillet sur la Somme, avec l'appui des premiers chars britanniques, puis l'hécatombe du Chemin des Dames, en avril 1917, sous le commandement du général Nivelle qui n'avait que faire de la vie de ses hommes.

On le nomma caporal parce qu'il savait parler les deux langues, le breton et le français.

Il accéda au grade de sergent en 1918, parce qu'on manquait de sous-officiers.

On le cita à l'ordre du régiment, pour son courage. Pourtant, il ne lui avait pas semblé qu'il fût un combattant exceptionnel. Mais il se battait comme un paysan laboure son champ : une fois le labeur entamé, il faut l'achever.

De retour à Priziac, en avril 1919, il ne fut pas bien accueilli par les siens. Son absence avait libéré une bouche, et la ferme supportait trop d'enfants.

Rien ne pouvait dépasser l'horreur qu'il avait connue sur le front. Il était prêt à tout endurer. 1920 fut l'année des déchirures. Il fut décidé que l'aîné des Le Blic conserverait ferme, terres et cheptel. Rentré lui aussi du front, il y avait droit. Le troisième frère venait d'avoir dix-huit ans. Il rejoindrait le grand séminaire de Quimper.

Corentin était le deuxième. Il tenterait fortune ailleurs.

La dispersion n'épargna pas les deux filles. L'aînée allait bientôt prononcer ses vœux et s'appeler sœur Françoise. La plus jeune était sur le point d'épouser un marin pêcheur de Lorient. Elle serait veuve peu de temps après. Au milieu de ses souvenirs qui défilaient au seuil de la mort, Corentin revit son voyage, ces trente-huit jours qui allaient les mener, sa bête de trait et lui, de la ferme de Priziac en Bretagne à celle de Chanteloup, sur la commune de Sainte-Marche-au-Perche.

Dans ses dernières secondes d'agonie, il revint à son départ en exil. C'était en septembre 1920.

*

La jument s'appelait Polka. Elle était immense, douce et vaillante à l'ouvrage.

Polka n'était pas percheronne à cent pour cent, mais à l'époque, seuls les éleveurs du Perche-Gouet produisaient un trait « pure race », refusant l'inoculation d'un sang étranger, interdisant dans leurs haras ou leurs fermes le croisement des percherons avec des boulonnais, des bretons ou des picards.

La compagne de voyage de Corentin était un croisement de toutes ces races : haute et ramassée à la boulonnaise, la croupe longue, droite et légèrement fendue à la percheronne et plutôt basse d'encolure comme une picarde. Nul sang breton en elle.

Comme les chevaux du Perche, elle avait acquis de la force et le développement des jambes par ses longs travaux sur des terres humides. Ses périodes de mise au pré, dans un climat qui porte l'eau, lui avaient épaissi le poil et dilaté les narines.

Sa tête, surtout, était belle. Fine, au front carré, elle montrait que le percheron dominait largement en elle.

Deux juments de trait œuvraient à la ferme de Priziac et l'aîné des Le Blic avait compris qu'il ne saurait avoir seul la jouissance des terres sans un sacrifice de taille.

Polka avait été la monnaie d'échange de ce marché de pauvres. Corentin quitterait la ferme, abandonnerait sa part de l'exploitation familiale, mais emporterait avec lui la meilleure des deux juments de Priziac.

À l'aube du 12 septembre 1920, il partit, l'œil fixe, la bouche dure, sans un regard en arrière. Il allait vendre ses bras et la force de sa bête là où la terre est grasse et noire, quelque part dans les fermes opulentes de Normandie, de Beauce ou du Maine.

Ils marchèrent, le soleil dans les yeux, leurs ombres derrière eux à la tombée de la nuit.

Ce furent d'abord deux jours à pied pour aller de Priziac au Faouet et du Faouet à Quimperlé. Comme pour se venger de leur désertion, la Bretagne se fit mauvaise.

Les averses, estompées de courtes accalmies, furent cinglantes et brusques. Elles trempaient à l'os, accompagnées du vent d'ouest. Pour ne pas trop fatiguer sa jument, Corentin la précédait à pied, la tenant à la longe. Ils arrivèrent épuisés à Quimperlé et se mirent en quête d'une grange où passer la nuit. Le train de marchandises qu'ils devaient prendre pour Vannes ne partait que le lendemain après-midi.

Ils trouvèrent un réduit que leur loua un maquignon, ainsi que l'avoine dont avait besoin Polka. C'était en plein centre de la ville, à trois rues de l'église Sainte-Croix.

Homme et bête s'y réfugièrent.

Polka était une jument de trait : elle savait tirer le soc et ne refusait pas le harnais. Mais cette route, sous la pluie, ce chemin sans but et la rugosité du sol l'exténuaient. Ses fers étaient abîmés comme si elle eût labouré quinze jours de suite une terre lourde sans reprendre souffle.

Au petit matin, Corentin la conduisit chez un maréchal afin de lui faire poser des fers de route. L'argent filait trop vite et il décida de se priver de nourriture ce jour-là et le lendemain entier pour effacer la dépense. Polka avait la priorité, tant pour la pitance que pour le soin. Elle était son gagne-pain, son seul atout pour l'avenir.

Au milieu de l'après-midi, il la mena à la gare. Un cheminot leur indiqua le wagon à bestiaux où l'embarquer pour aller à Redon. Pour le prix, il avait droit à une place d'accompagnement de troisième classe, en tête du train.

Tout net, Corentin refusa l'offre. Il voyagerait avec sa jument. Il ne la quitterait ni des yeux, ni d'un sabot. Le chef de gare invoqua le règlement. Une loi interdisait aux hommes d'embarquer dans les mêmes wagons que les bêtes.

Corentin le regarda droit dans les yeux, cracha son chicot et lui dit :

– Si c'est bon pour elle, c'est bon pour moi. J'ai coutume de reposer à son côté. Mais elle, c'est la première fois qu'elle voyage en train. Je ne veux pas qu'elle s'affole. Elle a besoin de ma présence.

– Le règlement interdit de...

– Écoutez, monsieur du chemin de fer, on vient de Priziac. C'est pas la porte à côté, c'est même pas en Finistère. On arrive du Morbihan. C'est pas le même pays breton ! Ici, c'est la Cornouaille et Priziac, c'est presque les Montagnes noires. Je m'en vais traverser le Vannetais, une autre Bretagne, encore ! Alors faut pas m'empêcher d'être auprès de ma jument. La route est longue, et sans moi, elle va le casser, votre wagon...

– Casser mon wagon, j'aimerais voir ça ! Si vous croyez que le matériel des Chemins de fer de l'Ouest c'est de la camelote, vous n'allez pas être déçu !

– Ces bestiaux-là pèsent la tonne, mon gars, avait répondu lentement Corentin. Tes portes de chariot ne sont pas des battants de grange. Alors si tu veux vraiment faire l'épreuve, à la première ruade, elle le fera voler comme un pet, le matériel !

Le chef de gare hésita un moment, décida d'abandonner le combat. Le convoi devait partir, la discussion s'éternisait, l'horaire pourrait en pâtir. Il eut le dernier mot car il tenait à la dignité de son rang :

– Après tout, si vous préférez la paille à un siège de chrétien, c'est votre affaire. Mais n'allez pas vous plaindre après !

D'un mouvement balancé, il brandit son drapeau et donna le signal du départ.

Le train s'ébranla, poussif, chuintant. Il partait vers l'est et atteindrait Vannes le lendemain matin.

Polka fut nerveuse pendant un couple d'heures. Doucement, son maître la maintenait au mors, la flattait de la main, évitant soigneusement de se trouver coincé entre les flancs de l'animal et les parois du wagon.

À l'aube, après une longue nuit sans sommeil, ils entrèrent en gare de Vannes. Le train s'était arrêté maintes fois durant la nuit car la voie était unique et les convois de voyageurs avaient priorité sur les trains de marchandises. À chaque arrêt, dans des gares isolées, sur des voies de garage, Polka se réveillait, les oreilles dressées, les muscles frémissants. À peine calmée, elle renâclait à nouveau lors du départ.

Ils mirent douze heures pour parcourir les soixante-dix kilomètres de Quimperlé à Vannes. Ils demeurèrent plus de quatre heures à Vannes. Corentin eut le temps de refaire la litière de sa jument, de la passer à l'étrille et d'aller lui chercher de l'eau. Il avait tenté de se procurer des planches épaisses pour faire descendre Polka, histoire de lui dégourdir les jambes. Mais tous les quarts d'heure, des coups de sifflet laissaient croire que le train allait repartir.

Enfin les wagons s'ébranlèrent. Ils passèrent Redon et arrivèrent à Rennes au milieu de la nuit suivante. Au petit matin, Corentin trouva la force de faire sortir sa jument et de la mener dans une écurie des Entrepôts de l'Ouest, à proximité de la gare. Après l'avoir nourrie et soignée, il la confia à un palefrenier qui lui promit, moyennant quinze sous, de traiter Polka comme sienne.

Le convoi ne devait repartir que le lendemain pour Vitré, et le fermier de Priziac s'échappa quelques heures dans la capitale bretonne.

Il ne lui fallut pas longtemps pour se sentir étranger à la ville. Ses vêtements lui faisaient honte. Les passants se retournaient sur lui, avec une attention moqueuse pour sa démarche chaloupée. Il allait, trop lourdement à son gré, dans un monde qui n'était pas le sien. L'air qu'il respirait n'était pas pour lui.

Pour la première fois de sa vie, il rougit de sa blouse de fermier et de ses sabots tassés de paille et de son. Son chapeau à large bord, contre la pluie et le soleil, devenait absurde dans ces rues grouillantes de gens endimanchés un jour de semaine.

Il fit un effort pour s'acheter une galette de sarrasin dans une crêperie des bords de la Vilaine, mais, affolé par le prix, l'avala sans plaisir et se sauva.

Il traversa le centre de la ville et se dirigeait vers l'Ille, plus au nord, lorsqu'un bruit terrible, comme un meuglement de bœuf, le rejeta sur le trottoir ! Il échappa de justesse à une automobile fumante. Ce fut la déroute. Il battit en retraite et courut rejoindre Polka, passa le reste de la journée à côté de la gare, grignotant un morceau de pain noir, buvant de l'eau à la fontaine voisine.

Le lendemain à l'aube, ils montèrent dans un nouveau wagon, il refit une litière pour son cheval.

Le train partit pour Fougères.

Ils changèrent de wagon à Vitré dont il n'eut que le temps d'apercevoir les vieux remparts. Il refit la litière de Polka.

Dix heures après, à Fougères, ils quittèrent l'enfer du train et se dirigèrent à pied vers Saint-Ellier-du-Maine, abandonnant la Bretagne pour pénétrer dans l'inconnu. Ils marchèrent deux jours, découvrant les paysages de la Mayenne, où langue et patois le déroutaient.

À Saint-Ellier, il reprit une ligne un peu par hasard. Le train les emporta jusqu'à Sevron-la-Chapelle.

À Sevron, ce fut de nouveau la marche jusqu'à Mayenne.

Corentin perdit peu à peu la notion du temps et des distances. Ses haltes étaient pour Polka. Lui-même n'avait plus d'être. Toute sa pensée, toute son énergie se concentraient sur sa jument et les soins qu'elle réclamait. Comme des étapes d'un chemin de croix, il tituba au seuil des forges, s'écroula dans les écuries des anciens relais de poste, frissonna aux nuits fraîches, ne s'autorisant le sommeil qu'une fois Polka soignée, nourrie, abreuvée et logée.

Il usa de l'eau des sources, des fontaines des bourgs et des abreuvoirs de plein champ. Et pour repousser la folie qui le gagnait, pour ne pas ressembler aux vagabonds qu'il croisait parfois, il se mit à parler à sa jument, comptant leurs pas et les arbres au bord des routes.

Chaque matin, il se lavait soigneusement, où qu'il se trouvât, se rasait au couteau, brossait ses habits avant de se vêtir.

Une dernière fois, ils prirent le train à Pré-en-Pail qui les mena jusqu'à la préfecture de l'Orne.

Alençon fut la délivrance. Comme par miracle, la marche qui allait suivre fut plus humaine, plus lente. Corentin ne titubait plus, avançait comme en terrain de connaissance. La nature lui semblait de nouveau rassurante. Il se reprit à aimer le ciel, la terre et l'herbe à ses pieds.

Peu après Alençon, pénétrant dans le Perche dont il n'avait jamais connu l'existence, Corentin décida que ces collines qu'il traversait seraient sa terre d'accueil.

De ferme en ferme, il s'offrit au labeur, avec Polka. Ils passèrent trois semaines à travailler dans le canton du Mêle, de Mortagne et de Rémalard. On commençait les labours. Il n'eut pas trop de peine à contenter et sa jument rassurait. Mais il ne recevait que de quoi subsister.

Il parvint un matin dans le canton de Longny. On lui indiqua une ferme en hameau, à Chanteloup, à trois kilomètres de Sainte-Marche, sur la route de La Ferté-Vidame.

Il y fut accueilli par un couple d'agriculteurs et leur fille, Jean, Gisèle et Marguerite Michon. Leur fils était mort quatre ans auparavant dans les Vosges alsaciennes, au Champ du Linge. Ils tenaient leur ferme à grand-peine et quinze de leurs quarante hectares étaient en friche.

La ferme était à bon endroit. Les terres du haut étaient en plaine, bordées de boqueteaux de hêtres et de bouleaux. Celles du bas étaient plus saines, bien drainées parce qu'elles tombaient en pente douce vers l'étang neuf, formant frontière avec l'Eure-et-Loir.

Les Michon accueillirent Corentin avec réserve et le firent durement travailler, relâchant l'effort sur leurs quatre juments et réservant à Polka les terres difficiles et lourdes à défricher.

Corentin avait connu pire situation que les

tâches qu'ils affrontaient. Polka et lui firent impression.

Les maîtres entreprirent l'adoption de leur ouvrier. Ce fut lent, à la percheronne. Corentin apprit les signes, les codes qui font la vie d'une maison. Le visage de Marguerite et le vert de ses yeux n'étaient pas étrangers à sa volonté de s'intégrer.

Il demeura à Chanteloup et combla insensiblement le vide laissé par le fils disparu.

Trois ans plus tard, il épousait Marguerite. En 1930, elle lui donna un garçon qu'ils appelèrent Hilaire en souvenir du fils Michon.

Un an après, Gisèle et Jean prirent leur retraite. Au même moment, passaient en vente cinquante-huit hectares de bonne terre à douze kilomètres au sud de Chanteloup, à La Douvellerie, non loin du Mage.

Avec l'accord de ses beaux-parents et de Marguerite, il vendit les terres de Chanteloup, rassembla les économies patiemment amassées par sa belle-famille et acheta La Douvellerie.

Corentin eut deux autres fils. Fidèle à la tradition, il les persuada, à l'âge d'homme, d'abandonner leurs droits sur la ferme et de laisser l'aîné exploiter le domaine.

Il dédommagea Henri et Philippe qui, à leur tour, allèrent chercher fortune ailleurs. Henri devint instituteur à Saint-Maurice-lès-Charencey, à proximité de la nationale 12, et Philippe parcourut les mers à bord des cargos de la compagnie Delmas.

Corentin aima sa femme, sa ferme, ses terres et le Perche. Il mena longtemps l'exploitation avec Hilaire puis, trop vieux, lui céda le manche en 1960. Marguerite mourut en 1979. Corentin l'aimait trop pour lui survivre.

Pour Hilaire, la Bretagne était loin. Son père n'y était jamais retourné et ne l'avait guère entretenu de ses origines. Aux questions posées par sa fille, il répondait invariablement :

– La misère, c'est pas une histoire de veillée. Un pays qui ne peut pas vous nourrir n'a pas droit au souvenir. Même si ce n'est pas sa faute, à cette pauvre Bretagne, elle a quand même laissé partir mon père.

C'est ainsi qu'Hilaire, fils de Corentin, fermier de son état et bouilleur clandestin par plaisir, se sentait Percheron.

IV

L'aube qui pointait à l'est réveilla le coq de La Douvellerie. Un concert animal lui ferait bientôt écho. Dans moins d'une heure, Élise s'activerait. Hilaire avait renoncé à trouver le sommeil.

Sa fille avait entendu le tohu-bohu feutré au-dessous de sa chambre quand Hilaire était rentré de sa bouille. Une fois de plus, son père avait déjoué la brigade de gendarmerie de Longny. Quant aux douaniers volants, ceux qui poursuivaient les bouilleurs, les « rats de cave », comme on les appelait, ils étaient moins dangereux que les gendarmes, car ignorant tout du canton.

Le bruit du bas persistait, accompagné de murmures mystérieux. Élise comprit que son père n'était pas seul. Elle s'en étonna. Hilaire œuvrait seul lors de ses rendez-vous nocturnes avec son alambic.

Depuis la disparition de sa mère, Élise s'était habituée à leur existence à deux : conversations brèves, pratiques, portant sur le nécessaire à la vie de La Douvellerie, courtes questions, réponses souvent – trop souvent – grommelées. Une troisième voix surprenait toujours la jeune fille car l'intrus dérangeait la présence silencieuse de Marie. Hilaire et sa fille évitaient généralement de se prêter à ce sacrilège et les invités à la ferme étaient rares.

*

Élise s'était redressée, éloignant sa tête de l'oreiller. Il ne pouvait s'agir d'un inconnu, d'un pautrain, un vagabond ramassé par Hilaire, à triper, piétiner les feuilles des sous-bois. Une exclamation étouffée la détendit : elle reconnut la voix de Julien.

Julien, pensa la jeune fille en souriant. L'orphelin Pierrot moitié bon à rien moitié commis, la mère à faire les lessives des autres pour améliorer le gain mal obtenu par le charbon de bois du père ! Partis bien vite l'un après l'autre, ces deux-là ! Enterrés à côté de Marie, à Réveillon. Le temps d'avant... J'étais petite, et mon Julien et ses parents, c'était bien. Si bien, et si loin à présent ! Élise s'émut un instant : elle, petite, toute petite, Julien à peine plus âgé, mais si grand alors.

Inséparables, ils avaient parcouru les forêts de Longny, de La Ferté, de Saussay, les bois proches de Voré, de Saint-Laurent et, tout proche, le bois de La Villedieu, à côté de La Douvellerie. Ces après-midi d'été, au moment des grandes chaleurs, il l'avait souvent entraînée à patauger dans les étangs plus au nord de la ferme, plus loin que l'étang des Personnes, où l'on risquait d'être surpris par les habitants de La Douvellerie.

Ils s'étaient lavés à mi-genoux dans les eaux limpides de l'étang du Bouillon. Ils remontaient parfois, plus en haut du pays, les soirs d'aventure, vers les mares mystérieuses de Sainte-Marche. Julien avait emprisonné son visage avec ses mains mouillées et avait dit à cette petite sœur impubère tout ce qui peut s'entendre à leurs âges, qu'il l'aimait, qu'il était son frère. Ses mains s'étaient figées sur son visage, et ils avaient nagé nus comme des vers dans l'étang du Moulin, proche de la maison du garde, et dans l'étang du Rumieu.

Après l'étang, immuablement, les enfants venaient au potager de la grand-mère Michon.

C'était un jardin d'autrefois, « un jardin de bonnes femmes », s'amusait à dire Hilaire. Le potager avait été établi par Gisèle, la mère de Marguerite, bien avant la Grande Guerre. De mère en fille, il avait été entretenu comme il convenait et, lorsque la famille avait vendu Chanteloup pour acquérir La Douvellerie, les bonnes femmes n'avaient pas cédé le lopin fleuri. Elles s'y étaient rendues, trois jours par semaine, d'abord en charrette, puis en Juvaquatre, les bras remplis de pois de senteur, d'anthémis et de pivoines tendres, les paniers débordant de fruits et du nécessaire à faire la soupe, apportant à La Douvellerie un peu du bonheur de la vie d'avant à Chanteloup. Fidèles à la tradition, Marie et Élise l'avaient perpétuée.

Aux côtés de Marie, Hilaire avait observé

les deux enfants plus souvent qu'ils ne s'en doutaient, amusé par leurs jeux, mais un brin réticent.

Un soir, en riant des yeux, Marie lui avait demandé :

– Et comment sera-t-il, ton gendre, plus tard ?

Sèchement, trop mâle et trop tendre en même temps, il avait lâché :

– Un petit con !

Joyeuse soudain, Marie – c'était rare – avait esquissé un sourire.

Peu avant la mort de sa femme, Hilaire s'était accoutumé à la présence des deux enfants, avec la distance de celui qui n'a pas de temps à dépenser en dehors des travaux de sa ferme et de la santé de Marie.

Et puis survint l'horreur : Marie partait, elle s'en alla sans drame, tout doucement, pareille à elle-même. Elle laissa filer sa vie jusqu'à ce jour où l'ambulance vint la chercher.

Cet instant-là ne fut pas vécu par Élise. Elle ne vit ni le regard de sa mère, ni l'angoisse étouffée d'Hilaire. Elle était avec Julien, ce matin. Et son retour à la maison fut le début d'une autre vie. Elle ne suivrait plus son petit compagnon : Hilaire avait besoin de sa tendresse entière. Élise comprit qu'il s'agissait de son premier acte d'adulte.

Marie partie, Julien, d'abord, ne comprit rien. Élise se partagea un moment entre son père et lui, puis, tout doucement, le devoir parla.

Un ultime jour de bonheur, à la lisière de l'enfance et des résignations d'adultes, ils s'étaient revus comme avant. Julien avait dix-sept ans, Élise quatorze. On était en juillet, et le jardin de feu Marguerite Michon les enivrait de ses parfums entêtants. Cette dernière rencontre avec Julien s'était inscrite dans le « temps d'avant », marquée, comme une frontière avec le « temps d'après », par la disparition de Marie.

On avait bâti le potager comme un carré de vie, face au corps principal de Chanteloup, un peu surélevé par rapport à l'ensemble de la ferme. Quatre rectangles y recelaient tous les trésors de la terre. Les odeurs têtues l'emportaient mais d'autres senteurs perçaient, et le désordre apparent des fleurs mêlées aux légumes et aux fruits ébouriffait les sens. Arbres fruitiers, plantes vivaces, corbeilles-d'argent flirtant avec les haricots secs, branches de dielytrae que Gisèle avait plantées car leurs fleurs s'appelaient « cœur de Marie ». Les arbres à prunes portaient le nom de reine-claudiers, mirabelliers, quetschiers. Potirons et fleurs à couper, rhubarbe et ruches dissimulées complétaient le potager.

Julien et Élise parcoururent ce paradis muet une dernière fois.

Quand il revint, quelques jours plus tard, à La Douvellerie, ce fut en journalier de labeur.

Élise l'accueillit en patronne.

V

Julien habitait ces rêves-là, le Julien d'avant, son compagnon de jeux, son frère, son amoureux transi, son protecteur. Le Julien d'à présent, valet de ferme, garçon à tout faire, silencieux, d'une simplicité dont elle se demandait s'il s'agissait d'idiotie, elle le traitait pour ce qu'il était, non pour ce qu'elle avait aimé en lui.

Elle se leva, enfila sa robe de chambre et descendit rejoindre son père. Hilaire n'était pas dans la cuisine. Tout était propre et ordonné, Julien s'était envolé. Dehors, le soleil pointait derrière les saules d'eau, la brume n'avait pas encore disparu.

Élise poussa un soupir. Elle se mit à l'œuvre. La vie reprit ses rythmes.

Hilaire avait entendu sa fille s'affairer dans la salle du bas.

Julien s'était sauvé avant l'aurore. Il ne parlerait pas.

La nuit prochaine, si le vent le permettait, Hilaire achèverait le travail. Si tout se passait comme à l'accoutumée, ses deux cents litres seraient apprêtés à l'aube. N'empêche qu'il avait eu chaud. Il lui faudrait redoubler de précautions.

Renonçant à paresser, il se leva et descendit rejoindre Élise. Elle attendait son père comme une patronne de ferme. Les imprudences d'Hilaire le perdraient, c'était certain, pensait-elle. Ces nuits à bouillir l'inquiétaient, et si son père éprouvait le besoin d'enfreindre la loi – ce qu'elle admettait – il ne pouvait risquer sa ferme et ses terres, par un défi infantile.

Hilaire apparut. Élise ne questionnait pas, elle affirmait.

– C'est Julien qui était avec toi, cette nuit ?

– Oui, il rôdait dans le bois de Feillet, non loin de la ligne Gruel, sous La Villedieu où j'opérais.

– Que faisait-il, à traîner par là ?

– Il m'a raconté qu'il avait rendez-vous avec la Ramée pour poser des collets.

– Et tu l'as cru ?

– Bien sûr que non, mais je ne pouvais pas prendre de risque. Et s'il disait la vérité ? Une chance sur mille, mais il me fallait étouffer mon ouvrage... Tu connais la Ramée !

Elle connaissait la Ramée et ne l'aimait pas. Hilaire le savait et se doutait de ses raisons.

– Tu as bien fait, répondit-elle, mais si la Ramée n'était pas dans le coin, qu'est-ce que Julien fichait donc par là ?

Hilaire sourit.

– J'ai mon idée, là-dessus.

– Et c'est quoi, ton idée ?

Élise, contre son gré, avait haussé le ton. Julien n'en méritait pas autant. Amusé, Hilaire l'observa, les yeux mi-clos, puis il lança :

– Tu es rouge jusqu'aux oreilles, Lili...

Elle détestait qu'il l'appelle ainsi.

– Ne m'appelle plus...

– Je sais, je sais. Mais quand même, je te trouve bien émue.

Élise se débattait, cherchant un autre sujet.

– Aujourd'hui, je dois me rendre à la foire de Rémalard et...

– La présence de Julien dans le coin, cette nuit...

– Je m'en fiche.

Elle s'était levée, bien droite, telle sa mère lorsqu'elle avait des comptes à régler. Hilaire n'insista pas. Il se leva à son tour, appuyant lourdement ses deux mains sur la table, et lança à sa fille :

– Bon, n'en parlons plus, nous avons de l'ouvrage pour le jour.

Élise s'en fut, soulagée, mais l'affaire n'était pas close. Hilaire s'éloigna, bien décidé à ne pas lâcher sa proie. Julien complice, il en aurait le cœur net. Qu'il aimât sa fille, il n'en doutait pas, mais qu'il fût un imbécile de bourg ou un comédien cultivant la candeur niaise, il finirait bien par le savoir. C'était comme son grand-oncle, huilier, qui écrasait ses noix en Bretagne.

Huilier, encore un métier perdu, et qui pourtant battait la campagne trente ou quarante ans auparavant, songea Hilaire en allant à sa tâche. Tous ces métiers oubliés : Norbert, le grand-oncle huilier, le père de Julien, charbonnier de bois, son grand-père maternel, pressureur de pommes et de raisins pour économiser de quoi gagner sa ferme, et jusqu'aux parents du maire, qui avaient été ménétriers avant la guerre, lorsque les villages du Perche dansaient le dimanche et parfois aux veillées à la musique du sonneur de cabrette, des violoneux et du vielleux.

Hilaire se reprit. Après tout, son propre grand-père maternel avait été pressureur. Indifféremment, il avait pressé du jus de raisin, de pomme ou de poire. Un métier de gagne-misère, à fabriquer un vilain brouet en se tournant les reins des heures durant ! Même pas un boulot de cidrier, songea le maître de La Douvellerie, encore moins un métier de bouilleur comme le mien. Avant qu'être paysan ne soit plus qu'un souvenir, il lui restait la bouille et la braconne pour se créer l'illusion d'être toujours un homme de la terre. Il vivait, paysan le jour, bouilleur la nuit. Il sentit que Julien devait penser comme lui.

VI

La règle est immuable : lorsque le pâtour est endormi, le loup passe, et seuls les bœufs aux cornes aiguisées par les paysans lui inspirent de la crainte.

Sainte-Marche avait tué son dernier loup en 1919. Aujourd'hui seuls les lieux-dits lui rendent encore les honneurs : La Grange-au-Loup, La Mare-à-Fauves, Le Trou-de-l'Égorgeur, Chanteloup...

*

Mais moi, je les entends, et j'aime imaginer que je suis jeune au temps des vieux.

Lorsque je me trouve tout seul dans les bois d'ici, je pense que je suis le loup.

Un jour, j'ai raconté ça au curé à confesse, et il m'a

rudement engueulé, disant que j'étais « un roi sans divertissement ».

Je lui ai répondu que je n'y comprenais rien, il m'a répondu de lire le livre d'un qui s'appelle Giono.

J'ai demandé le livre au libraire de Longny. Il m'a regardé, surpris, et m'a expliqué qu'il n'avait pas vendu ce bouquin depuis trente ans ! Il a commandé à Paris une édition de poche, je l'ai lu. Je n'ai rien compris ! Mais j'ai eu une drôle d'impression en moi.

Je ne savais plus très bien qui j'étais : le solitaire roi ou le solitaire loup !

Et je sentais bien que je pouvais ressembler à ce fou. Pourtant, je sais que je ne suis pas méchant, et pas dangereux. Mais les désirs de l'homme, ceux racontés par M. Giono, je les comprends comme un coup de rouge.

Ces réflexions me fatiguent, moi Julien, parce que je n'aime pas tuer. Je le fais quand même, pour arrêter les souffrances des bêtes. Seulement les souffrances ! Après, c'est une grande paix à l'intérieur de mon corps.

Une autre fois, le curé m'a parlé de mes idées alors que je ne lui avais rien demandé. Il semblait intéressé, ou plutôt inquiet, je crois bien. Il m'a dit que j'étais proche de l'Indien dans Vol au-dessus d'un nid de coucou.

Il m'avait traité de roi, puis d'égorgeur, et voilà que je me retrouvais Indien !

En plus, le bouquin de Jean Giono, je l'avais aimé, même si je n'avais pas tout compris, mais n'ayant pas trop l'habitude de lire, j'ai eu la trouille qu'il me demande de m'en farcir un deuxième !

J'ai eu de la chance, car l'autre soir, on passait Vol au-dessus d'un nid de coucou *à la télé, chez Hilaire et Élise.*

J'en suis sorti tout drôle.

Alors l'Indien, c'était moi, d'après le curé !

Depuis ce jour, dans le silence des nuits que je passe en forêt, je suis le roi. Mais de mare en mare, de futaie en futaie, je peux devenir soudain le grand Indien immense.

Ce que j'aime chez le roi et l'Indien, c'est qu'ils ne parlent pas beaucoup. Je suis pareil, moi aussi, parler enlève la paix. Dire trop de phrases, c'est apporter de l'eau à un étang en trop-plein.

Je n'aime pas ce qui déborde parce que je sais bien que mon esprit ne peut pas contenir plus qu'il ne peut. Comme un étang. Mon père disait que j'avais une digue dans le cerveau et qu'il ne fallait pas passer dessus.

Depuis que je n'ai plus mes parents, j'ai renforcé ma digue, tels les Hollandais leurs polders devant la mer du Nord.

Alors, je suis un roi, un Indien, un Hollandais, qui

habite le Perche. Pas de mer, mais ma forêt, mes bois et des trous d'eau. Là, tout d'un coup, je pense à moi : oh ! Julien, que tu es bien, ici !

Un jour, les loups vont revenir, et ils vont gouverner la forêt.

J'attends les loups, leurs hurlements feront frissonner les fermes. Car dehors, dans le noir qui vous entoure, on ne peut pas avoir peur !

C'est pour ça que j'aime la nuit : c'est comme une femme qui serait ma mère !

*

Un loup, on le tue sans discuter. Le grand-père Michon avait maintes fois raconté à Élise et son père la dernière chasse de 1919 : l'histoire d'un seigneur aux abois devant la horde des hommes.

Le loup, un fauve de soixante-dix kilos, était devenu roi après son massacre. Pour se grandir eux-mêmes, les hommes l'avaient élevé au rang de monstre énorme, bestial, doté de mille crocs, velu tel un ours, grand comme trois chiens bergers... Ils l'avaient traqué par une nuit de pluie en neige, pataugeant dans les fondrières.

Le vieux Michon était du cercle des traqueurs qui coincèrent le fauve en bordure de l'étang du Moulin, tout à côté de Sainte-Marche. Tapi entre les murs à demi écroulés et les eaux glaciales, le loup fit face. Tête rouge et sang noir d'enfer, crocs scintillants de blancheur, toison hérissée... trois coups de Lebel l'avaient foudroyé. Déjà à cette époque, la fourche aux loups était devenue inutile.

Devant la dépouille ensanglantée, les hommes s'étaient figés, silencieux. Mais pour un loup, la mort n'était pas suffisante. Il fallait que la profanation lui succédât.

La bête fut ramenée à Sainte-Marche, en cortège lugubre, jetée sur le perron de la mairie, devant une petite foule qui criait sa joie.

Le grand-père Michon avait ressenti le régicide. La fin du loup, semblable à l'exécution d'un roi, sonna le début du déclin des mystères du Perche.

Sainte-Marche, sans loup, entrait dans l'ère moderne.

VII

Le brigadier revenait de patrouille. La nuit était tombée sur Longny-au-Perche et, comme il se doit, la pluie accompagnait le changement de lune. Dehors, le bourg luisait tristement. Les réverbères de la rue de l'Église faisaient briller les briques mouillées des maisons. Quelques passants se hâtaient, pataugeant, vers le seuil de leurs maisons. L'été arrivait pourtant, mais les vents d'ouest s'en moquaient. Il faisait presque froid, comme pour une fin d'hiver.

– La bouille, vous dites ?... Dans le canton ?

L'adjudant commandant la brigade avait relevé la tête de son livre des consignes. Le bas de son visage était visible, tant la lampe de son bureau se trouvait au ras du cahier.

Il ne semblait pas croire à la nouvelle.

Hésitant, le brigadier retira son imperméable de service, posa son képi sur le bureau faisant face à celui de son chef. Il s'assit lourdement, raclant sa chaise. Il sortit un mouchoir de sa poche, essuya son visage.

– Peut-être dans le canton, mais peut-être aussi dans le canton de Tourouvre, ou bien de Saint-Maurice... Mais peut-être chez nous, après tout.

– Ce n'est pas bien précis, tout ça !

L'adjudant Rusquec se leva et alla se servir un café. Débouchant la thermos, d'un geste de la tête, il en proposa au brigadier.

– Ce n'est pas de refus, chef. Une tasse... Merci bien.

Rusquec n'était à la tête de la brigade que depuis dix mois. Son dernier poste avant de rejoindre ce canton « pot de chambre » avait été Paimpol, dans les Côtes-d'Armor.

Le Perche ne l'avait pas dépaysé, sinon que Paimpol était un port, et qu'il préférait l'eau de la mer à celle du ciel. Nom de Dieu, qui donc assurait que la Bretagne était un pays de pluie ? À côté des collines du Perche, le pays du Goëlo, c'était le Sahel !

Le canton de Longny ressemblait pourtant aux paysages qu'il avait connus dans l'Ouest : même chaos verdoyant, mentalités analogues, mystères ruraux, presque sorciers.

La brigade d'ici était abritée dans un immeuble qui évoquait l'architecture rurale des années cinquante : deux étages, six petits appartements agrémentés de larges fenêtres à balcons métalliques, toit plat, légèrement incliné, mât futuriste en haut duquel flottait le drapeau. Coincée entre la maison de retraite et le garage Citroën, la brigade veillait à la sortie du bourg, sur la route de Monceau.

Depuis trois mois, les brigades des quatre cantons alentour s'organisaient pour monter la garde à tour de rôle durant les week-ends. Le projet avait séduit... sur le papier ! L'ordre ne devrait pas en pâtir et les épouses des sous-officiers vivraient plus souvent la présence de leurs hommes en fin de semaine.

Mais les brigades de garde, parachutées hors de leur canton, ne parvenaient pas à pénétrer les rythmes, les coutumes, les pratiques des populations dont elles avaient la charge par intermittence. Chaque brigade connaissait bien son milieu, mais à l'extérieur, les secrets devenaient vite épais.

Le tour de garde, du vendredi soir au dimanche soir, se vivait essentiellement la nuit. Ces nuits de fin de semaine étaient propices aux grands sabbats du Perche. Rusquec n'aimait pas intervenir en dehors de son canton car les informations qui lui étaient données par les brigades voisines étaient succinctes et sans véritable tissu psychologique. Les lieux-dits étaient bien repérés, les cartes d'état-major bien tenues et le nom des habitants mis à jour. Mais cela ne suffisait pas, toutes ces informations ne servaient plus à grand-chose lorsque la nuit tombait, avec ses mystères, ses bruissements furtifs, ses petits marécages humains et ses secrets étouffés sous l'humus des feuilles, dans les sentiers creux, derrière les murs des fermes.

Les brigades « visiteuses » dans les cantons qui n'étaient pas le leur se sentaient en territoire étranger, et les populations appréciaient peu. Les Percherons en venaient à prêter des vertus à leur propre brigade lorsqu'ils la retrouvaient chaque lundi matin.

Les habitants du canton de Longny étaient rentrés dans une résistance muette. Leur esprit rural avait ajouté à l'étrangeté de la situation.

Après quelques mois, ils en découvrirent les bienfaits.

Qu'importe un verre de trop le vendredi soir, les retours au bercail s'effectuaient en toute impunité. Les carrefours dangereux étaient mystérieusement signalés, contournés par des raccourcis champêtres ignorés d'une maréchaussée mal implantée.

Mais surtout, la braconne connut une nouvelle heure de gloire.

Les premiers temps, les brigades avaient vécu dans l'illusion d'un ordre bien établi. Les gendarmes avaient connu des nuits sans histoire, contrôlant le Parisien de passage, le Belge égaré ou le Normand non percheron.

L'adjudant Rusquec avait vite compris cette mystification de l'harmonie. Il s'en était rendu compte grâce à ses propres erreurs lorsqu'il opérait, avec sa brigade, en canton voisin : contrôle d'identité de notables éméchés habituellement salués par « leurs » gendarmes et fraîchement traités par leurs homologues « étrangers », procès-verbaux établis pour des ceintures non attachées, gardes champêtres confondus avec de vulgaires bracos, bétaillers traités en trafiquants de boucherie, couples d'amoureux verbalisés à contre raison... Devant les bévues, les cantons occupés resserrèrent les rangs.

Traités pareillement à la plèbe locale, les potentats du canton avaient pactisé avec les ilotes. L'occupant avait balayé la lutte des classes. Tel conseiller municipal prévenait tel manant, dont il savait le goût pour les escapades nocturnes, que tel carrefour de forêt était à éviter :

– Si j'étais à la place d'un bouilleur cette nuit, et si j'avais de la goutte dans mon coffre, je ne passerais pas le carrefour de La Lande !

– Y a jamais personne, à c't'endroit !

– Ce soir, il y aura du monde...

– Oh, de toute façon, vous savez, moi, la nuit, je dors.

– Je m'en doute bien. Mais vous savez, il suffit d'un bon dîner arrosé et c'est le permis qui saute...

Bref, seuls les innocents tombaient dans les pièges de la maréchaussée.

Le vrai Perche, le damier ancestral, modifia ses coutumes, se déplaçant de quelques kilomètres pour les uns, de quelques mètres pour les chasseurs des bois. Ceux-là connaissaient chaque sente, chaque jambe de colline, le moindre ruisselet, la voie contournante des bêtes de nuit.

Les habitants de Sainte-Marche s'étaient appliqués à la nouvelle donne et, dans leur tête, la végétation se reconstituait en lignes sombres : orées de futaies, mares de sous-bois, tracés où les laies ont pour habitude de muloter.

Les gendarmes, eux, opéraient sur domaine carrossable, les gens du canton sur les chemins du droit coutumier. La terre noire collait à leurs semelles et leur ciel était un tapis de feuilles fauves. Cohabiter avec ses gendarmes à soi, passe encore. Supporter des troupes étrangères était trop demander.

*

Rusquec réfléchissait, l'œil sombre. Ce brigadier chasseur de bouilleurs incommodait ses habitudes. Renoncer, cependant, n'eût pas été une attitude de gendarme ; aussi décida-t-il de dissuader son subalterne sous couvert de stratégie.

– La bouille, chez nous, je veux bien qu'on s'en charge, mais si elle opère sur Tourouvre ou Rémalard, alors laissons travailler leurs propres brigades.

– On peut toujours essayer de vérifier si ce n'est pas chez nous.

– Vous êtes bien pressé, brigadier...

– Imaginez, chef, que la brigade d'à côté découvre un bouilleur à nous, opérant sur notre territoire ?

– Je n'aimerais pas, en effet...

Xavier Rusquec avait obtenu ce qu'il estimait être l'essentiel : ne pas opérer une chasse à la bouille en dehors de son canton. Il demeura un moment songeur, puis se leva, affirmant son autorité.

– Bon. On y va cette nuit. Lorsque vous parliez de Sainte-Marche, vous aviez des endroits précis en tête ?

– Oui, répondit le brigadier. Dans une grange du Maupas. Il y a un autre endroit, aussi, derrière la maison des Roches, à Bizou, à côté d'ici. Et puis un troisième, enfin, dans le bois de La Douvellerie, mais là, l'information n'est pas très fiable.

– Qui est l'informateur ?

– C'est la Ramée...

– Je n'aime pas ce type.

– Moi non plus, mon adjudant, mais faut pas oublier qu'il a été à l'origine de deux belles affaires !

– Quand il dénonce, c'est pour régler ses comptes, pas pour servir l'ordre public.

– C'est vrai, chef, mais une information, c'est une information.

– Commençons par Maupas. Pour La Douvellerie, on verra plus tard.

– Et pour Bizou ?

– Sainte-Marche d'abord, Bizou ensuite. La Douvellerie en dernier. Quelle heure est-il ?

– Vingt-deux heures dix.

– C'est trop tôt : la bouille, c'est après minuit. Nous partirons vers deux heures du matin.

La brigade entama sa veille. Dehors, la pluie avait cessé.

*

La Ramée était un nom de piqueux. On l'appelait ainsi depuis des lustres. Sa mère avait été surnommée « les Allaites », les mamelles de la louve. Dans sa hutte du fond des bois, elle avait reçu plus d'un garde, entre deux bracos, sur sa couche. Enfant, la Ramée se prénommait Herbert et il avait assisté aux ébats de sa génitrice.

À son adolescence, l'entourage voulut le baptiser une fois pour toutes, en le marquant d'un genre. De peur de se faire appeler « le fils d'Allaites », il adopta le surnom de « la Ramée » qui lui avait été accolé par le vieux baron Jean Fort, hobereau du Perche et grand chasseur à courre au sanglier. Herbert était un garçon hargneux, au regard sombre et court de col. Méchant comme un loup, solitaire comme un cochon de futaies, il avait des dispositions naturelles pour la braconne. Fort avait justement imaginé qu'un bon braconnier ferait un garde de qualité. Il l'avait baptisé « la Ramée » en souvenir des jeunes pousses de printemps. Herbert poussait vite. Sale et dégageant des odeurs d'humus, il sentait le fauve mâtiné de chèvrefeuille.

Même les animaux s'y trompaient, l'approchant sans crainte, tant il exhalait la sauvagerie.

La Ramée était méchant et le savait. Imprégné d'animalité, il avait accueilli son surnom avec reconnaissance. Tout, plutôt que le rappel du père, soldat allemand, et de la mère aux seins manipulés par mille paluches.

« La Ramée », adulte, ferait payer aux vivants ce qu'il avait enduré dans son enfance.

Il avait passé son adolescence à croupir d'école en école, sans cesse renvoyé pour ignardise et brutalité, surpris à courir le buisson, féroce avec les enfants de son âge. Herbert aimait faire souffrir. Il s'en défendait, mais sa nature l'emportait toujours lorsque montait en lui la cruauté.

De rares instants, il se reprenait. Ses yeux se perdaient vers la cime des arbres, une étrange douceur l'habitait alors. Ces moments miraculeux s'espacèrent, au fur et à mesure qu'il montait en graine.

À vingt ans, après quelques années passées entre cours de fermes et braconnes de pleine lune, le baron Fort l'avait engagé pour mener sa meute de chiens courants au cochon sauvage.

Et puis un jour, ce fut l'incident. Fort l'avait senti venir car, quoique excellent homme de chasse, la Ramée, par sa cruauté, décourageait son admiration.

Un après-midi d'automne, le piqueux avait laissé travailler l'un de ses chiens, le préféré de sa meute, alors qu'il était blessé. Ce fut la goutte d'eau. Le grand veneur n'avait pas pardonné l'écart. Passe encore pour un incident ponctuel. On peut faire courir un chien diminué, se faire admonester et veiller à ne plus recommencer. Mais ce jour-là, Fort avait congédié la Ramée, cruel avec le chien de créance, et depuis longtemps suspect aux yeux de son maître.

D'abord, il aimait tuer. Pas achever une souffrance, mais tuer. Il prenait à cela une joie qui lui venait du ventre.

VIII

Attentive à tout jusqu'à l'inquiétude, Élise vivait avec ses pressentiments.

La vie, les rythmes de son père étaient semblables à l'ordre des saisons : été, automne, hiver, printemps, avec leur ordonnancement immuable mais aussi leurs écarts, bourrasques de neige du printemps, gelées avancées de l'automne ou orages dévastateurs en été.

De la même façon, les irrégularités d'Hilaire entraient dans la normalité des choses. Mais d'autres retards, d'étranges ambiances, d'inhabituelles moiteurs de l'air suscitaient chez Élise une peur irraisonnée.

Cette nuit-là, Hilaire endormi, la nature semblait à ce point muette, hostile, qu'Élise fut remplie d'effroi. Dressée sur son lit, baignée de sueur, elle sentit que le pire était sur le point d'advenir. Dans combien de jours, d'heures, de minutes ? Dans un instant, peut-être ! Le fragile équilibre de leur vie commune, le couple solitaire et tenace qu'ils formaient depuis la disparition de Marie, cette vie à deux dans la ferme de La Douvellerie, en marge de tout, allaient connaître un cataclysme dont elle sentait la proximité sans pouvoir en mesurer l'importance.

Tremblante, elle se leva. Pieds nus, en chemise, elle sortit de sa chambre, écouta un instant à la porte de son père. Son souffle régulier lui parut de l'inconscience devant un danger imminent. En bas, la pendule égrenait ses cinq coups. Le jour se levait, gris, épais, désastreux.

Elle descendit dans la salle commune et entrebâilla la porte d'entrée.

Elle sortit dans une ouate hostile, étrangère. Tout était figé. Aucun des bruissements d'une campagne en éveil.

D'abord à peine perceptible, comme un bruit si lointain qu'il n'existait pas : un chuintement mouillé, puis, étrangement, le son du moteur après celui des pneus sur l'asphalte. On venait à La Douvellerie.

La jeune fille comprit ce que son intuition lui indiquait avec une formidable précision : on venait pour la bouille !

*

Le brigadier conduisait lentement. La pluie avait cessé, mais la route demeurait humide et des nappes de brouillard surgissaient en embuscades. L'adjudant avait ouvert la fenêtre de la camionnette de son côté. Il humait l'air du petit matin. Un instant, il se surprit à penser qu'il allait arrêter un homme qui était devenu son ami. Il allait surgir dans la vie d'une famille qui s'était réfugiée dans une épaisse solitude. Élise, la petite, allait se retrouver seule, la ferme serait vendue et Hilaire ne se relèverait pas de l'affaire. La bouille ne pardonne pas, quand on la découvre clandestine.

La bouille ! Ce con de brigadier ne savait pas que son chef avait depuis longtemps deviné le manège de La Douvellerie... Curieusement, l'adjudant n'avait jamais attaché une très grande importance au délit de bouillir au noir. Pour lui, l'acte s'inscrivait dans le tissu du pays. C'était un peu comme la braconne. Le Perche possédait sa loi, comme les mauvais garçons des grandes métropoles. Arrêter un bouilleur, c'était donner un coup de pied dans des traditions obscures. Ces semi-sorcelleries n'étaient illégales qu'aux yeux d'une réglementation trop neuve, mal adaptée à mille ans de pratiques alchimiques.

La camionnette approchait de la ferme. Encore trois virages, encore quatre cents mètres et tout serait dit !

Les barriques de calva étaient cachées dans une seconde cave, accessible par une trappe, à côté de la première. Il suffirait de déplacer le congélateur. La Ramée les avait renseignés avec précision. Comment l'avait-il appris ? À la campagne, malgré la tradition des secrets, tout finit par se savoir.

Quant à l'alambic, la brigade savait où le débusquer. Il était semi enterré, en plein bois, au carrefour des lignes Gruel et Clément, bien dissimulé sous un couvert d'épines noires, invisible à qui ne butait point dessus.

La cuve aurait ses empreintes. Comparées à

celles d'Hilaire, l'affaire serait simple. Comment saurait-il nier l'évidence ? Malgré le mutisme des gens des bois pris au piège, aucun juge ne s'y laisserait prendre. La conviction l'emporterait sur le manque d'aveux.

*

Julien avait compris. Le chemin emprunté par les gendarmes ne menait qu'à la ferme des Le Blic. À cette heure-là, ce ne pouvait être que pour la bouille !

Ils allaient à la ferme en premier, et non pas dans le bois de La Villedieu.

« Ça, c'est une connerie, pensa Julien. L'alambic doit toujours être la première prise ! »

Précisément informés, les gendarmes étaient trop sûrs d'eux.

Hésitant un instant, Julien fit naviguer son vélomoteur de droite à gauche. Puis il fonça vers le château de Feillet, obliqua brusquement à gauche dans le petit sentier de sous-bois qui menait à La Famelière. Encore à gauche, en remontant la Gruel... Le taillis d'épines, là !

Julien s'arrêta en dérapant, coucha son engin à terre et, de ses mains dépourvues de gants, il arracha le toit de la cachette. La machine était là, trop lourde pour qu'il puisse la déplacer à lui seul. Il n'avait que quelques dizaines de minutes d'avance sur les gendarmes, mais ce temps ne servait à rien !

Sans moyen, la rage au ventre, ne sachant que faire, il se mit à gémir sourdement, comme une bête aux abois, cherchant désespérément une solution qui ne venait pas.

Elle vint !

Elle vint comme une évidence, limpide par sa simplicité. Hilaire n'avait pas pris le soin de rentrer l'une des deux bouteilles de butane à la ferme. En quelques secondes, Julien dégagea l'ensemble du taillis, alluma la bouteille et couvrit la machine de ses mains, effaçant la trace des empreintes d'Hilaire, y imposant les siennes. S'emparant des deux seaux, il fila les remplir à l'étang de la Rougette.

Dix minutes plus tard, écumant, il revenait et remplissait la cuve du réfrigérateur. Déjà chauffé à blanc par les feux, le métal chuinta. Une fumée légère s'était formée. Dans quelques heures, l'alambic distillerait ses premières gouttes, mais il savait que les gendarmes seraient là bien avant.

*

Cette queue d'orage, je m'en souviendrai toute ma vie comme un grand coup de passion.

Juste après la pluie, le ciel s'est lavé, parce qu'il n'avait plus d'eau à donner. Et d'un bloc, on a vu la lune et les étoiles. Toute l'eau du monde était en bas et, c'est souvent ainsi dans le Perche, la terre a commencé à vivre à cause de son humidité. Les animaux, surtout les tout petits, se sont hissés à la surface des marais. À ces moments-là, si on s'arrête et qu'on s'impose silence, on entend tous les bruits de la vie. Mais il faut être seul, loin des hommes, pour écouter le chant du monde.

La lune montait parce qu'elle formait un D au milieu des derniers nuages qui couraient encore. Et je savais qu'elle montait parce que mon père m'avait toujours dit qu'elle mentait et que D voulait dire « descendre » alors que c'était le contraire et que C voulait dire « croître » alors que c'était le contraire aussi. Donc, cette nuit-là, la lune montait, puisqu'elle disait le contraire !

Il faut savoir que plus elle grimpe, la lune, et plus elle devient ronde, et plus la nuit me voit dehors. Ces périodes-là me rendent chez moi seulement au petit matin parce que je suis dans les bois et les pâtures et que j'y vois ce que la lumière du jour n'apporte pas, des mouvements de vie dans les taches blanchâtres que la lune éclaire comme du lait.

Le jour, on n'est pas attentif alors que dans le sombre, avec la lune en lumière, je découvre une vie qui ne bouge que pour moi. Bien sûr, tout le monde comprendra que la nuit et la lune me font quelque chose. Le maire m'a dit une fois que cela s'appelait l'influence et que le pressentiment suivrait naturellement. Cela voulait dire que je devinais ce qui allait se passer.

Et comme la lune n'en était pas à son coup d'essai, car elle était presque pleine, cela faisait déjà quelques nuits que je sentais à l'avance que des malheurs allaient arriver.

C'est ainsi que les airs de la Ramée depuis trois jours et que les rondes des gendarmes dans le même temps m'ont mis aux aguets et que Hilaire pouvait bien être au centre de cette soupière-là ! Alors, j'ai surveillé tout ce petit monde et, lorsque j'ai vu filer l'estafette de la brigade, vers quatre heures du matin, et qu'elle a emprunté la route du Mage, suivie tous feux éteints par la vieille Simca de la Ramée, j'ai compris que cette nuit de lune menteuse serait celle d'Hilaire et d'Élise.

Plutôt que de suivre ce cortège jusqu'à la ferme de La Douvellerie, avec ma mobylette j'ai pris les raccourcis par les allées des bois et j'ai longé le contour des étangs. J'espérais qu'ils iraient les réveiller d'abord chez eux et fouiller les bâtiments pour découvrir les réserves de calva et que seulement après, ils chercheraient la machine à bouillir.

J'ai donc filé directement à l'alambic, dans le bois d'à côté. Et parce que je connaissais bien la cache depuis la nuit où la bouille d'Hilaire nous avait rendus complices, j'ai eu vite fait de la retrouver, enfouie sous des ronces de parade. Je savais les gendarmes sur la ferme et il fallait me hâter et terminer mon ouvrage avant leur rendue. La crainte de les voir me tomber dessus plus vite qu'à leur coutume, qui est plutôt lente, m'affolait.

Et moi, l'affolement, la nuit dans les bois, avec la lune menteuse qui monte, c'est comme si j'avais été enherbé, empoisonné d'herbes, par quelque sorcière, je me suis transformé en loup, en pensant à celui que les gars de Sainte-Marche avaient traqué bien avant la Première Guerre.

Le bois de La Villedieu m'a ouvert ses taillis et, sur le sol humide et moussu, il m'a semblé ne plus avoir de bras ni deux mains, mais quatre pattes.

Sur cette machine à bouillir, les dents sorties en crocs et le poil hérissé par la peur qui m'habitait, j'ai porté toutes mes griffes. J'ai dégagé les feuilles vivantes pour me plonger sous la machine et en allumer les feux, car Hilaire, que Dieu garde son imprudence, avait laissé une bouteille en place.

Je suis allé chercher de l'eau pour cette marmite du diable, et je ne sais même plus si c'est avec les récipients du bouilleur que je l'ai puisée ou bien si c'est moi qui l'ai bue pour la recracher dans la machine. Combien de temps j'ai passé à prendre la place d'Hilaire, pour la joie que j'éprouvais à sauver Élise, je ne sais plus ! Mais je me souviens que j'ai terminé mon ouvrage bien avant que les gendarmes aient décidé de quitter La Douvellerie pour sonner la charge sur La Villedieu... Et le temps qui restait m'a permis de bien fournir la tâche et de crier de plaisir à la fin.

C'est en criant Élise que j'ai compris que ce qui sortait de ma bouche venait de mon ventre. Ce cri, on ne l'avait pas entendu depuis longtemps. C'était le chant du loup que j'étais devenu. J'allais attirer les chasseurs loin de vous deux. Ce serait un combat terrible, meute à meute, parce que je me sentais horde à moi tout seul.

*

Le jour jetait ses premières clartés. L'estafette de la gendarmerie qui courait vers La Villedieu avait toujours ses feux et Julien la voyait venir sur lui. Après l'échec de sa perquisition à La Douvellerie, la maréchaussée fonçait sur la dernière preuve du crime : l'alambic.

Le brigadier, mal remis de son passage à la ferme, était convaincu que les informations lâchées par la Ramée n'étaient pas totalement fausses. L'adjudant était demeuré à La Douvellerie. Il avait encore à parler avec les Le Blic. Et le brigadier, tout en disant au gendarme qui tenait le volant d'accélérer, revivait avec colère les quarante minutes perdues à La Douvellerie. Quelle faute que de fondre sur la ferme plutôt que direct sur l'alambic ! Mais il était homme de conviction, trop sûr de lui, et l'information concernant la cache sous le congélateur avait dicté son impulsion.

Quarante minutes auparavant, à cinq heures, ils avaient pénétré dans la cour de La Douvellerie. Au seuil de sa porte, Élise était apparue, menue, flottante dans les mystères de l'aube, le visage plus pâle que sa chemise.

Xavier Rusquec l'avait abordée d'un ton moqueur en lui demandant ce qu'elle faisait debout, à cette heure qui n'était pas encore celle du soin à donner aux bêtes ni du réveil des personnes.

Droite et silencieuse, la petite avait fait demi-tour, laissant porte battante derrière elle. La troupe lui avait emboîté le pas, pénétrant à sa suite dans la grande salle. La pièce était encore tiède de la veillée d'avant. Il y flottait cette odeur tenace des salles communes des fermes du Perche : remugle de cidre, aigreur du vin et de café en même temps qu'un air piqué de fumée. Rusquec y retrouva la chaleur de son enfance bretonne. Élise s'affairait déjà au café du matin, agissant en maîtresse. Elle disposa quatre bols sur la toile cirée de la table, posa le sucrier et disposa les cuillers. Ayant saisi la cafetière fumante, elle s'assit et invita les trois gendarmes à faire de même.

Rusquec n'avait pas pipé mot. Le café d'abord ! C'était l'usage. La jeune fille observait les trois hommes qui s'étaient dépouillés de leurs képis. Sans couvre-chefs, la maréchaussée perdait de son prestige.

Après que l'adolescente eut versé le liquide brûlant dans les bols, Rusquec, d'une phrase brève, dit à Élise d'aller réveiller son père. Il le fit avec insistance, sur un ton de commandement. Toujours muette, Élise s'acquitta de sa tâche. Elle grimpa l'escalier, sans précipitation cependant, désirant conserver aux yeux des intrus sa dignité de patronne de maison. Arrivée en haut, elle prit soin de refermer sur elle la porte du palier afin que les gendarmes ne puissent entendre les échos du réveil.

Aussitôt qu'elle eut cogné à la porte d'Hilaire, celle-ci s'ouvrit et le maître de La Douvellerie apparut tout habillé. Il lui fit comprendre qu'il avait saisi l'origine des visiteurs du bas, en lui murmurant simplement : « File vider la cache sous le congélateur. Moi, je descends et je les retiens. Tu as dix minutes devant toi, petite. »

Elle bondit, par l'une des fenêtres du haut, passant du toit à l'échelle à foin, pour parvenir au cellier attenant à la ferme. Par le soupirail, elle se glissa à l'intérieur de la pièce dans laquelle le congélateur était en entrepôt. Elle commença le camouflage.

Sachant Élise à son œuvre, Hilaire descendit de son pas lourd et fit mine étonnée à la vue des gendarmes qui se levèrent à son arrivée.

– Eh, Xavier, grommela-t-il, c'est une heure de chrétien de venir ainsi chez moi ? Il est à peine cinq heures !

Xavier Rusquec, un peu empêtré, lui dit l'objet de sa visite, les ragots qui couraient sur ses talents de bouilleur, les soupçons qu'il était en droit d'avoir à son égard.

Hilaire avait pâli, plus indigné d'avoir été dénoncé que d'être accusé d'un délit qui n'en était pas un à ses yeux ! Comme il se doit et ainsi que l'adjudant l'attendait, le père d'Élise nia, mettant sa propre pâleur au compte de l'émotion ressentie face à la calomnie.

Et comment Xavier pouvait-il porter de pareils soupçons ? Qui donc avait pu l'avertir pour qu'il paraisse si sûr de lui ? L'était-il autant qu'il paraissait, après tout ?

Hilaire parlait, s'indignait, argumentait, devant un adjudant Rusquec qui laissa passer l'orage avant de contre-attaquer.

Le monologue d'Hilaire prit le quart d'heure, une performance pour un cultivateur percheron ! Il cessa brutalement lorsque Élise apparut, sans que les gendarmes l'eussent aperçue, par la porte du cellier située sous l'escalier.

Rapidement, la petite rejoignit la gazinière, ralluma le feu afin de réchauffer l'eau pour du nouveau café. Rusquec, pressé d'en finir, avait calmement rétorqué à Hilaire qu'il possédait les preuves suffisantes du délit supposé pour réclamer une visite des lieux. Hilaire n'avait plus besoin de gagner du temps ; un simple échange de regards entre lui et sa fille lui avait indiqué que la tâche était accomplie.

Pour la forme, il exigea un mandat.

La demande fut balayée d'un geste par Rusquec :

– Pas besoin d'un mandat pour visiter, Hilaire, ni même d'attendre l'heure légale pour ce faire. Si tu n'as rien à te reprocher, ce sera vite fait et on n'en parlera plus.

Il ajouta, impatient :

– Si tu y tiens, je peux avoir une commission rogatoire du juge dans la matinée et j'ai les moyens, en attendant, de t'empêcher de sortir de ta maison !

Ne sachant trop ce que voulait dire « rogatoire », Hilaire se demanda si Rusquec et ses hommes étaient après sa réserve de calva ou s'ils connaissaient l'existence de son alambic.

Dans le premier cas, découvrir quelques bonbonnes ne représentait pas un délit trop grave. Toutes les fermes des environs en possédaient. Mais la détention d'un alambic en état de marche, c'était une autre affaire. Il se surprit à prier pour que les gendarmes ne fussent point renseignés sur sa cache du bois.

Le brigadier n'avait pas ouvert la bouche. Un demi-sourire aux lèvres, il avait assisté, muet, à la joute oratoire entre l'adjudant et le fermier.

Lui, savait.

Mesurant le temps passé et l'instant du débat, Hilaire fit mine de céder. Lourdement, comme vaincu par les arguments de Rusquec, il se leva, fit signe aux gendarmes de les suivre et se dirigea vers sa cave de plain-pied jouxtant la grande salle. D'un geste, le brigadier l'avait arrêté dans son élan. Il lui dit :

– Pas la cave, Hilaire, pas la cave... ce que je veux visiter, c'est ton cellier.

Sûr de lui, il ajouta :

– ... et plus particulièrement ta cache, en dessous de ton congélateur !

Hilaire savait qu'une perquisition sur simple soupçon ne les eût pas menés directement à la cache. Une information aussi précise ne pouvait provenir que de la délation. Or quatre personnes possédaient le secret : Élise, Julien, lui-même et la Ramée, par accident.

En effet, l'ancien garde en avait eu connaissance en entrant dans la ferme, un soir d'automne. Ayant frappé à la porte de la grande salle et n'ayant pas reçu de réponse, il était entré. La porte du cellier était ouverte, la Ramée s'y était aventuré. Hilaire rangeait ses bonbonnes d'un calva tout frais, provenance de dernière bouille.

Terrorisé par la découverte, la Ramée était resté planté là, sans voix. L'apercevant, Hilaire avait marché sur lui comme un percheron prend son sillon. Saisi au collet, l'ancien garde du baron Fort avait juré devant Dieu, sa triste mère et tous ses attachements de sorcellerie qu'il ne parlerait point et que cette cache n'était qu'illusion d'ivrogne.

Haussant les épaules, Hilaire l'avait laissé s'en aller, affolé par sa propre découverte et redevable d'être toujours entier.

Par prudence, le bouilleur avait vidé la cache et l'avait conservée sans calva plus d'un an. Puis, n'ayant rien vu venir, il avait repris ses habitudes et les bonbonnes avaient retrouvé leur cachette, sous le congélateur, étape provisoire avant la distribution et la vente clandestines.

La logique apparaissait, limpide, au père d'Élise. Le coupable était tout désigné. D'autant plus qu'il était de notoriété publique dans le canton que la Ramée, chassé par son baron de maître, réduit à l'errance et vivant comme un animal, n'assurait sa liberté qu'en échange d'informations aux pouvoirs prêts à pardonner ses méfaits.

Pour la forme, Hilaire s'était étonné du savoir des gendarmes en ajoutant que cette « cache », comme ils disaient, n'était qu'un vide sanitaire destiné aux arrêts d'eau, rien de plus, rien de moins.

Parvenu dans le cellier, le brigadier ne put se retenir. Triomphant d'avance devant son supérieur, il se hâta de déplacer lui-même le congélateur, ouvrit la trappe, se blessant la main dans sa précipitation. Il s'arrêta, muet, comme foudroyé devant le vide.

Rusquec, lui, conserva son calme d'officier. Les méthodes de son subalterne ne lui plaisaient guère et Hilaire était un ami de longue date. Face à ce constat d'innocence, apparemment furieux, il admonesta son brigadier et s'en retourna dans la grande salle.

Apercevant Élise, assise, commençant l'épluchage de quelques légumes, il lui adressa un petit clin d'œil. Le brigadier suivait, penaud et humilié. L'ombre d'un sourire se dessina sur les lèvres de l'adolescente. Hilaire et le troisième gendarme fermaient la marche.

*

Le brigadier reprit son souffle. Un instant désemparé, il lâcha :

– Reste à trouver l'alambic.

Hilaire et Élise comprirent que, si les gendarmes avaient éprouvé la peine de se déplacer à une heure de gueux, c'est qu'ils savaient où aller en bout de parcours !

D'une voix blanche, qu'il voulait la plus naturelle du monde, Hilaire répondit :

– Y a pas plus d'alambic à la ferme que de bonbonne sous mon congélateur !

Le brigadier le regarda comme un piqueux observe le cerf avant la curée. Il parla de l'orée du bois de La Villedieu et Hilaire sut que la trahison de la Ramée avait été totale, que les issues se refermaient, les unes après les autres, comme autant de pièges sur une garenne en traque.

– Si tu vois une machine à bouillir, avait-il rétorqué au brigadier, mais regardant l'adjudant dans sa pathétique perdition, même sur le bois d'ici, ça veut pas dire qu'elle m'appartient !

– Et les empreintes, avait ricané l'autre, tu as déjà entendu parler des empreintes ? Si ce sont les tiennes...

Hilaire pensa qu'il n'en sortirait pas.

*

Voyant l'estafette venir sur lui, Julien, confondu dans le buissonnage, non loin de la machine, était resté immobile, se préparant à ce qu'il allait faire.

Rendus sur les lieux, les deux gendarmes ne tardèrent pas à découvrir la cuve, libre de ses branchages protecteurs, bouillant encore et dégageant sa forte odeur de cidraie et de moût.

Julien fit craquer la branche de bois mort qu'il tenait entre ses mains. Juste le nécessaire pour être entendu, puis vu sous les feux des lampes de poing. Il fut aperçu, presque reconnu. C'était là son désir et, comme un de ces signes essentiels qui marquent un être, il sut que sa vie allait basculer, qu'un destin étrange l'attendait, comme un rendez-vous.

Il déguerpit à travers les secrets obscurs du bois de La Villedieu. La forêt l'enveloppa et les taches d'ombre de la futaie le protégèrent jusqu'à le faire disparaître.

Les gendarmes entamèrent un début de poursuite mais comprirent vite l'inutilité de la tentative. Ils étaient hommes de routes, pas de sous-bois ! De toute manière, ils avaient cru reconnaître le fils de l'ancien charbonnier de Sainte-Marche. Convaincus que cette fuite ne le mènerait pas loin, ils revinrent à la bouille et commencèrent leur travail de photographie et de prise des empreintes sur la cuve et l'alambic.

N'ayant pas suivi ses hommes sur La Villedieu, Xavier Rusquec s'était attardé à La Douvellerie. Ne sachant pas ce que ses acolytes venaient de découvrir, il s'adressa à Hilaire :

– Tu viens d'échapper à l'accusation de recel de calva... J'espère pour toi et la petite qu'il n'y a pas d'alambic avec tes empreintes dessus à La Villedieu car là, je ne pourrais plus rien pour vous !

Hilaire tint bon. Ne jamais plier, c'était usage de paysan. Son seul atout fut le mutisme et cela le sauva.

Déjà de retour, le brigadier faisait de nouveau irruption, triomphant, dans la grande salle.

– On le tient, mon adjudant.

– Vous tenez qui ? rétorqua Rusquec, pensant Hilaire perdu et Élise déjà complice.

– Julien, le traîne-à-rien de Sainte-Marche, le fils de Simon, l'ancien charbonnier de bois.

Un silence stupéfait plana sur l'assistance. Rusquec ne s'y attendait pas, Hilaire et Élise comprirent dans l'instant l'offrande qui leur était miraculeusement échue.

– Quelles preuves ? demanda l'adjudant.

Le brigadier fit son rapport verbal, précisément, comme seul un gendarme en a le talent.

« Je l'ai aperçu brièvement, mais assez précisément pour être reconnu : la tignasse blonde et rousse, la petitesse de la taille – un mètre soixante environ – le visage rond, bien connu du jeune Julien Simon, et sa démarche balancée que tous lui connaissent dans le canton. Sa façon de s'habiller aussi ; toujours cette salopette grise et raide de crasse. »

Les empreintes diraient et confirmeraient probablement le rapport. Le gendarme, demeuré sur les lieux, achevait son travail et arriverait dans quelques instants. Le brigadier, lui, était revenu à pied pour alerter son supérieur et disculper Hilaire, « du moins pour le moment », avait-il sombrement ajouté.

L'adjudant avait écouté le rapport de son brigadier dans la position figée qui sied à un supérieur. Le brigadier était-il sûr de ce qu'il avait vu ? Disposait-on des empreintes de Julien, afin de les comparer à celles qui étaient sur l'alambic ? Il serait judicieux d'appeler la brigade pour que deux gendarmes se rendent chez le suspect – car pour le moment, il ne s'agissait de rien d'autre que d'un suspect – y relever les empreintes que chacun a droit d'étaler chez soi. Alors, seulement la comparaison consoliderait les convictions.

L'estafette revenait et le troisième gendarme, entrant dans la pièce, annonça :

– En inspectant les lieux, mon adjudant, j'ai heurté une mobylette, dissimulée à proximité. Je l'ai rapportée dans notre véhicule. Si c'est celle de Julien, notre présomption sera confirmée, les empreintes relevées et comparées à celles du suspect feront le reste...

Le jour avait envahi le ciel et la nature humide laissait monter des vapeurs matinales.

L'innocence d'Hilaire contrastait avec le désarroi d'Élise.

Les faits rapportés par les gendarmes étaient une muette déclaration d'amour de Julien.

IX

La nuit s'estompa comme à regret dans la forêt de Longny. Julien longeait l'étang des Moines. Éveillée depuis longtemps, la faune aquatique s'en donnait à cœur joie. Dans les saussaies qui peuplaient les rives encore lavées de brume, les ragondins jouaient à se poursuivre, le nez à fleur d'onde et, plus loin, prudemment éloignés du bord enfeuillé, des colverts s'ébrouaient.

Sur la mousse du sentier bordant, des geais se régalaient de chenilles poilues et une hulotte, avant son sommeil diurne, assaillait son dernier papillon de nuit. Trois petits loirs, pilleurs de nids, s'en retournaient par bonds vers leur gîte de la journée.

Julien avançait vite, mais il prit le temps, par habitude, d'observer le fourmillement animal. Juste après l'étang des Moines, et en suivant à la pataugé le ruisseau de Saint-Laurent, il savait pouvoir atteindre en vingt minutes l'étang de la Fonte. En longeant enfin la mare du Fétu, il arriverait rapidement à celle du Bouillon. Il ne serait plus loin du champ Masson, un hameau à éviter car la route, proche, reliant Sainte-Marche à la Lande était très passante, même au petit jour.

Contourner la petite maison des Ecoperches, traverser d'un bond la départementale pour atteindre les fermes de La Bouchardière, le rapprochait de son but. Encore quelques centaines de mètres, une traversée au galop du Bois-Marié et il aperçut enfin l'étang du Cotillon à proximité duquel l'attendait son salut : la ferme du Maunil. S'il frappait, même à cette heure, à la porte close, la belle Pauline l'accueillerait, sans paroles inutiles. Protéger, abriter ce petit animal de Julien allait de soi. Il frappa et elle lui apparut.

Pauline reçut le garçon de ferme de son Hilaire comme un fils.

*

Julien démasqué par sa mobylette laissée au cœur du délit, les empreintes relevées chez lui et son identification confirmée à la lueur des lampes-torches, un avis de recherche fut lancé par les brigades de Longny, de Rémalard, Tourouvre et La Ferté, en Eure-et-Loir.

À présent, Hilaire et Élise portaient le poids de ce sacrifice. Depuis quatre jours que la chasse était lancée, le père et la fille n'avaient pas échangé une dizaine de phrases. Élise devenait un otage affectif, Hilaire portait le fardeau de ses écarts. Tous deux songeaient à Julien et mesuraient le prix de son geste.

Hilaire vaquait aux travaux de La Douvellerie, mais le travail l'accablait d'indifférencc. Élise accompagnait son père, en somnambule. Le duo père-fille, qui s'était, tenace dans l'adversité, forgé une nouvelle vie à la mort de Marie, éprouvait une perte aussi pesante que si Julien faisait partie des Le Blic.

Dans les jours qui suivirent, Pauline alerta discrètement Élise qu'elle assurait la cache de Julien au Maunil. La phrase parvint à Hilaire, furtive et sibylline pour les non-initiés : « Ce qui reste du charbon de bois est au Maunil... »

Pauline, fière de ce qu'elle considérait comme une mission, pour la première fois de son existence de jeune veuve se sentit utile à quelque chose. Elle éprouvait un plaisir trouble à troquer le statut de bel exutoire pour celui de complice. Elle participait enfin aux rites de ce couple « père-fille », sentant qu'ainsi elle s'intégrait à l'étrange tribu de La Douvellerie. Elle acquérait enfin, par le hasard d'une fuite, une place et une légitimité jusqu'alors refusées.

Élise éprouva le soulagement de savoir Julien à l'abri, en même temps qu'une sourde jalousie à cause de sa présence au Maunil, comme un lapin en clapier. L'amie de son père s'attribuait un rôle inattendu. Elle la savait sensible aux faiblesses de la chair. Confusément, elle s'appropriait le petit valet.

Son ami d'enfance chez l'amie de son père et sa propre impossibilité d'agir poussaient Élise vers des résolutions inextricables.

Hilaire, lui, subissait les événements de plein fouet. Responsable du piège dans lequel sa passion illégale avait enfermé les deux êtres auxquels il tenait le plus, il évitait le regard de sa fille, s'interdisait d'aller au Maunil s'expliquer, en présence de Pauline, avec Julien qui venait de le mettre hors de cause par son sacrifice.

Humilié d'être à l'origine d'un tel écheveau, agacé de savoir Julien materné par sa jolie veuve, il errait dans sa ferme, n'attendait plus rien de ses proches, sachant qu'il aurait à tout démêler de lui-même. Il cherchait, sans la trouver, une recette à son désarroi, reculant jour après jour la réparation de sa faute.

Une semaine passée sur ce chemin de croix lui rendit la vie à ce point insupportable qu'il finit par prendre sa décision, en homme secret, fidèle aux mœurs de sa région.

*

Ils entrèrent en contact, comme il est d'usage en pays percheron, par un simple regard, le mercredi suivant, au marché de Longny.

Xavier Rusquec, ayant compris le message de celui qu'il savait le seul à pouvoir briser le mur du silence, se laissa suivre. Après quelques kilomètres, le break de la gendarmerie s'engagea dans un chemin creux menant au cimetière. La rencontre eut lieu sous les grands cèdres bordant le parc du château de Marchainville.

Ajoutant au secret du rendez-vous, les arbustes, sous les arbres géants, ployaient jusqu'à assombrir le jour.

Dans ce clair-obscur plein de fraîcheur, sous le bruissement des frondaisons, Hilaire s'approcha de la voiture de l'adjudant. Xavier alluma sa pipe, le laissa ouvrir la portière droite et s'installer sans mot dire à ses côtés. Lui évitant la peine d'entamer une insurmontable confession, l'adjudant dit au père d'Élise :

– Je sais que c'est toi, je le sais depuis le début...

Accablé, mais aussi soulagé de n'avoir pas à exprimer de contrition, Hilaire, les yeux fixés droit devant, répondit :

– Alors, si tu sais, faut pas faire payer le petit.

– Où est-il ? demanda Xavier.

– Je sais pas, mentit Hilaire.

Rusquec ralluma sa pipe, enfumant l'habitacle.

Depuis la nuit de l'alambic, il réfléchissait au moyen de sortir Julien et la famille Le Blic d'une situation qui risquait de lui échapper avec le temps. En trois phrases, il dit les raisons qui le faisaient agir en ami et non en chef de brigade :

– Je ne veux pas casser ton existence pour une simple affaire de goutte... Je ne vais pas enfermer le petit Julien qui s'est dévoué pour toi. Et puis, il faut le protéger. Élise, sa mère n'aurait pas agi autrement.

À l'évocation de Marie, Hilaire murmura :

– Elle avait sa mort entre les dents qu'elle me parlait des enfants, parce qu'elle comptait toujours Julien comme le frère d'Élise...

Le bouilleur regarda son ami gendarme, lui demanda ce qu'il comptait faire pour sauver le gosse.

L'adjudant avait un plan. Il le lui confia à

mi-voix, en monologue d'église. Il semblait à Hilaire qu'il entendait, dans ce chuchotement, une homélie destinée à le ramener dans le monde des absous. Rusquec absolvait mais n'en avait pas fini avec le mal.

L'exorcisme l'emporte toujours sur le délit. L'expression du mal est à l'origine de tout : c'est la bête.

– Faut traquer l'origine, dit le gendarme, et rallumant sa pipe, il ajouta : on ne va pas prêcher sept ans pour un carême, le temps passe et il faut un diable.

Sous la feuillée qui couvrait le complot, il fut convenu qu'un homme payerait ce délit d'origine, « ric à rac », jusqu'au dernier sou, comme un saunier.

L'adjudant conclut, décision prise :

– Un mauvais, un malin, c'est sûr. Mais un jaloux... La jalousie rend bête. Alors, on va lui donner l'occasion de bouillir. Il ne résistera pas à la tentation.

Le pacte fut conclu, telles des parties adverses se rassemblant pour combattre une menace à l'équilibre des choses, des habitudes, du bien et du mal. L'alliance permettrait le retour au bon ordre du monde.

La machine à bouillir était en dépôt dans un hangar, derrière l'hôtel de la brigade, en bordure de l'hospice. L'on ferait savoir qu'elle n'était pas gardée.

La chasse au loup commencerait en même temps que le délit d'effraction et l'on traquerait le méchant diable tout en feignant d'abattre le pieu sur le gosse de Sainte-Marche.

– Qu'il ne bouge pas, celui-là, murmura Xavier.

Hilaire s'extirpa du véhicule de l'adjudant et retourna à La Douvellerie. Prévenir Élise que Julien ne devait plus bouger de sa retraite du Maunil !

Hilaire ne parvint à sa ferme qu'à la nuit tombée, ayant eu à régler des achats d'engrais avec des agriculteurs qui le retinrent jusqu'à la nuit au café du Mage.

Élise appela Pauline et l'enjoignit de veiller à ne point laisser s'envoler l'oiseau.

D'une voix blanche, Pauline répondit que Julien venait de s'échapper.

– Voilà plus d'une semaine que je l'empêche de sortir, se justifia-t-elle. C'était trop pour lui. Il vient de filer.

Élise raccrocha sans répondre, avertit son père, enfila sa veste de travail, ouvrit la porte de la grand-salle et s'évanouit dans la nuit étoilée de juin.

*

Il me fallait retrouver ma terre, les eaux d'ici, et mon ciel pour toit. Malgré la gentillesse de Pauline, une nuit, cela a toujours été ma coutume, je suis parti et mes pas m'ont mené vers La Douvellerie. Je savais que ce n'était pas prudent, mais huit jours enfermé sans parler à Hilaire et sans regarder Élise, c'était trop. Mon père, il avait toujours vécu dehors, et moi, j'étais son fils.

Je me suis rendu pas loin du lieu. L'alambic n'était plus là. Je me suis assis sur une souche mouillée et, en regardant la ferme de mes amis qui brillait sous la lune, je me suis dit que je ne les verrais peut-être plus et que, même si Élise ne faisait plus trop attention à moi, je ne pourrais pas la regarder en imaginant je sais trop quel bonheur pas possible pour moi !

Et puis, elle a passé sa main dans mes cheveux. Elle

était là, derrière moi, et je ne l'avais même pas entendue venir. Mais je savais que c'était sa main, et qu'au bout de son bras, c'était elle.

Sans me retourner, j'ai dit :

– Tu sais, je ne savais pas trop quoi faire.

Sa main s'est appliquée sur ma bouche, ainsi qu'elle faisait quand on était gosses et que je racontais des bêtises. Mais cette fois-ci, ô mon Dieu, qu'elle était douce et différente !

En tremblant comme par une nuit de gel, je me suis levé et, lentement, très lentement, pour ne pas me réveiller d'un sommeil magnifique, je me suis tourné vers ce qui avait toujours été mon âme. Sans qu'on parle, elle s'est laissée couler vers le sol, en m'entraînant, et moi, je n'ai rien eu à faire. C'était un grand film silencieux. Elle m'a guidé et j'ai pleuré tant, que jamais je n'aurais imaginé que c'était possible. Simplement mes larmes coulaient autant en dehors, que je m'inondais en elle. Et je savais que jamais plus je ne pourrais vivre enfermé en prison ou ailleurs, sans elle.

J'ai compris qu'après ce bonheur qui m'emplissait de joie, le loup irait vers son destin. Elle avait compris mes pensées de chevalier-bête fauve, en même temps qu'elle a gémi comme si elle découvrait je ne sais pas quoi, elle m'a dit seulement :

– Je sais qu'à l'instant...

Elle ne m'a pas dit autre chose, ni qu'elle m'aimait, ni une autre bêtise, elle a juste pris ma main pour qu'elle se pose sur son ventre qui était chaud à brûler.

*

L'aube et sa fraîcheur les réveillèrent. Le merle suivit à quelques secondes.

Ils se levèrent. Il allait dire quelque chose. Elle mit simplement son index devant sa bouche, puis le laissant là, debout, ébloui par le chant des lieux, elle s'en retourna, le laissant figé dans son allégresse.

Son père l'attendait sur le pas de La Douvellerie. Il l'étreignit plus fort que jamais. À son tour, elle pleura sans mot dire. S'arrachant doucement de ses bras, elle pénétra dans la salle du bas.

Elle se surprit à avoir les gestes de sa mère. Une joie sauvage l'envahit. Elle prépara un café. Elle chantonna, remarquant des milliers de détails dans cette salle où elle avait tant vécu et dont elle prenait possession pour la première fois.

Le café servi, elle disparut dans la salle d'eau, ouvrit la douche, jouissant de la chaleur de l'eau et du regret de perdre cette senteur nouvelle qui l'habitait depuis qu'elle avait quitté Julien. Elle s'habilla rapidement et rejoignit son père. Elle voulut parler mais aucun son ne sortit de sa bouche.

X

L'horloge de l'église de Longny-au-Perche égrenait ses trois coups du matin. Encore deux heures et le jour se lèverait.

Le cadenas ne résista pas longtemps. Deux coups secs sur le ceinturon passé dans l'arceau suffirent. La machine était là, inerte. La sortir de l'appentis en silence, grâce à ses roues sur pneus, l'accrocher à l'arrière de la vieille Simca, descendre la pente derrière la gendarmerie sans mettre le moteur en route, ne prirent que quelques minutes.

La Ramée chantonnait son triomphe. Il avait la machine. Hilaire était condamné au silence et Julien en cavale. Probablement loin du canton.

Il n'en revenait pas, l'ancien garde, de ce qui arrivait. Une simple dénonciation ! Un adjudant lui avait dit, au détour d'un croisement, que les jeux étaient faits, que Julien n'allait pas courir longtemps et que la machine serait bientôt détruite.

Rusquec avait ajouté qu'il n'avait pas les moyens de le faire garder jour et nuit, cet alambic. « On le cassera après le procès. Jusque-là, il sert de pièce à conviction », avait-il ajouté.

La Ramée avait toujours voulu bouillir mais n'avait jamais su s'y prendre, tant pour acquérir un alambic que pour opérer sur la cidraie.

Sitôt dit, sitôt fait. L'ancien garde du baron Fort filait à présent dans les allées de la forêt de La Ferté-Vidame. En approchant de La Chapelle-Fortin, il s'engagea dans la ligne de La Fleurière, peu après avoir longé l'étang de Prémoteux. Passé la ferme de La Fleurière, il bifurqua à droite et s'arrêta à proximité du bois Locquet. Une marche arrière rapide afin d'enfouir la machine sous les charmilles. Les hameaux des Locquets et du Plessis, ses lieux de prédilection, n'étaient pas plus éloignés du bois que La Douvellerie ne l'était de La Villedieu.

L'attelage détaché, il couvrit soigneusement l'alambic et s'en fut à La Reverdière. Après avoir réveillé Simone, il but, prit son plaisir et s'écrasa dans l'un de ses sommeils sans rêve. La Renarde s'en ficha, elle ne vivait avec la Ramée que des instants de beuveries et d'étreintes animales. Elle l'observa dans son néant, puis s'allongea à ses côtés et couvrit sa nudité crasseuse.

Julien, par ses chemins complices, était retourné au Maunil.

Il avait écarté les branches des sentiers, longé les mares encore encerclées de brumes. Il avait titubé, s'accrochant à des souches dont il connaissait l'existence par cœur, et les feuilles l'avaient couvert de cette rosée très fraîche de l'aube.

Au bonheur de ce qu'il venait de vivre s'ajoutait la nature semblant acclamer sa joie. Elle l'étreignait, lui barrait amicalement le chemin. La mousse du sol avait la douceur du corps d'Élise, les ramures végétales l'agrippaient comme elle l'avait entraîné dans sa chute en elle. Il sombrait dans ce matin presque froid comme dans un bain après une journée brûlante. Pas une nuit, pensait Julien, pas une heure, pas une minute sans elle.

Il ne pouvait respirer les fougères, écouter le petit cri d'une fauvette, humer les frênes, traverser un verger et fouler le tapis de pommes qui achevaient, à même le sol, d'imprégner la terre de leur pourrissure de l'automne précédent, sans y ajouter ce nouveau parfum de fille, à nul autre comparable, qu'il craignait d'oublier et qui tenait du sortilège.

« Oh ! pensait Julien en son retour vers Pauline. Oh ! Plus de soir sans l'odeur d'Élise, sans son ventre qui brûle au mien. »

*

La Ramée ne pouvait attendre. La nuit qui suivit le vol, son obsession le poussa vers la machine. Il avait apprêté cette première bouille comme on se prépare à un rendez-vous galant. Deux cents litres du meilleur jus, en provenance des meilleures pommes à cidre du canton. Il avait hissé ses quatre fûts sur une charrette à bras. Il n'utiliserait pas sa voiture, par précaution. Sa distillation serait fameuse, meilleure que celle d'Hilaire. Les pommes étaient mélangées, mais le mariage était recherché : pas de fruit à la chair trop farineuse, mais des risettes, des impériales et des fleuritards provenant d'arbres dont les pieds et les racines avaient été baignés en terre d'argile, bien fraîche mais protégée du gel. Le cidre qu'il transportait ainsi lui apporterait treize fois moins de calva. Son petit tonnelet de quinze litres était prêt pour l'équipée nocturne. L'eau d'une mare claire, à proximité de l'alambic, servirait le réfrigérateur. Il connaîtrait les premières extases de goutte aux étoiles, cette nuit de juin.

Sa montre marquait trois heures du matin lorsqu'il s'ébranla, cahotant en silence vers la cache du Bois-Locquet. Il y parvint en moins de quarante minutes, tirant sa carriole vers ce baptême sauvage auquel il aspirait depuis toujours.

Son escapade l'avait épuisé, le colosse n'en pouvait plus, malgré l'intense plaisir qu'il prenait à découvrir l'alambic.

La Ramée était aussi large que Julien semblait mince, pas plus haut que le gamin de Sainte-Marche, mais d'une carrure qui doublait la sienne. Tous deux étaient hirsutes, et le plus âgé s'était épaissi jusqu'à ressembler aux bêtes qu'il avait l'habitude de côtoyer. Il possédait en lui la force des êtres ramassés. Capable d'agenouiller un cerf d'un quart de tonne par les bois, il bénéficiait, comme un don du diable, d'une vigueur inhumaine. Contrairement à son aspect presque animal, il n'attaquait point par défi de vaincre. Il se battait par instinct de survie.

Cette nuit-là, dans l'ombre qui enveloppait son acte de première bouille, il eut des gestes presque doux pour écarter les branches qui dissimulaient la machine.

Il dévêtit l'instrument de ses ramures ainsi qu'il eut fait avec une adolescente adorable et fragile. Chaque branche retirée était un lambeau de linge dont les pièces éparses jonchaient le sol humide au fur et à mesure qu'il dénudait la cuve.

La machine lui apparut, offrant sous la lune qui commençait de monter ses formes à lui couper le souffle. Tremblant, il en caressa les contours, admirant la fragilité du verre et la silhouette pleine et ronde de la chaudière. Il alluma les feux, chauffa les parties basses. La cuve émit un chuintement. Au bout de deux heures, l'alambic commença à sécréter son calva en de menus spasmes successifs pareils à un plaisir soupiré. La Ramée, enivré par les vapeurs du musc, hurla.

Tout bruit cessa : la faune alentour s'imposait silence, effrayée par cette extase solitaire.

C'est au milieu de ce râle qu'il perçut l'insolite.

Les gendarmes avaient coupé le moteur de leur estafette à plus d'un kilomètre du lieu. Mais la nuit porte le bruit plus loin que le jour et l'ancien garde l'avait distingué d'entre les autres. Se redressant d'un bond, en homme de traque, dans l'instant il repéra un axe de fuite, sans parvenir à se séparer de l'objet magique. Il ne retrouverait jamais la machine ni le débordement qu'il venait de vivre.

*

Rusquec et ses hommes avançaient en gendarmes, tous feux dehors. Le Bois-Locquet dissimulait encore de nombreuses zones d'ombres.

Seul l'adjudant connaissait la proie qu'ils allaient serrer. Le reste de la brigade songeait à Julien qui courait depuis dix jours et dont on supposait qu'il avait récupéré l'alambic la nuit précédente, derrière l'hôtel de gendarmerie.

Rusquec, habitué aux réactions des bouilleurs, savait que l'ancien garde ne lâcherait pas l'objet dont il venait de s'emparer.

À mesure que les gendarmes s'enfonçaient dans le Bois-Locquet, l'odeur de la bouille devenait perceptible, flottant d'abord dans l'éther puis exhalant carrément l'odeur de pourriture du deuxième moût de la pomme, l'ultime rejet qui précède la sortie miraculeuse de l'alcool.

Les gendarmes touchaient au but. L'atmosphère était si imprégnée d'alcool de pommes que gratter une allumette eût pulvérisé les lieux dans une explosion. Les feux de la machine étaient éteints et la Ramée se tenait debout, sa pétoire à la main, braquée vers les huit gendarmes s'approchant en cercle. Il tira deux fois, deux gendarmes furent touchés.

La riposte tarda à venir.

Face à un homme qu'ils pensaient être Julien, les six gendarmes n'avaient pas dégainé leurs armes de service.

Rusquec fut le seul à ne pas hésiter. Il bondit en avant et percuta la Ramée avant qu'il ait le temps de recharger son arme. Les deux hommes roulèrent à terre.

En un instant, la Ramée prit le dessus. Étendu sur le dos, Rusquec comprit qu'il allait mourir. Le garde avait sorti son couteau d'ancien piqueux et l'adjudant vit briller la lame qui allait l'égorger.

Les yeux grands ouverts, il songea avec un sang-froid incongru dans quel mauvais drame il s'était jeté, entraînant sa brigade. Jouer à Salomon, quand on est gendarme, coûte cher.

Deux coups de feu le tirèrent de son hypnose, la bête relâcha son étreinte. Le brigadier avait abattu le bouilleur.

L'adjudant s'extirpa, contempla le crâne

fracassé de la Ramée. Reprenant ses esprits, il se porta vers les blessés de sa brigade. Deux de ses hommes comprimaient leurs poings sur les hémorragies des blessés pendant que les autres préparaient des garrots avec leurs ceintures. On mena d'urgence les victimes à Mortagne.

XI

L'affaire fit grand bruit dans le canton et dans le département. On en parla dans la presse nationale et des journalistes venus d'Alençon, de Rennes, du Mans et même de Paris envahirent le canton de Longny.

Les premiers arrivés profitèrent des petits hôtels disponibles à cette époque de l'année. Les retardataires allèrent chez l'habitant, pour autant que les portes voulurent bien s'ouvrir. La presse ne tarda pas à déranger le rythme coutumier des gens d'ici. Son sans-gêne importunait. Les journalistes tentaient de séduire en utilisant un charabia mi-citadin, mi-campagnard, prétendaient s'y connaître en matière de bouille, entraient dans les fermes aux heures de traite mais n'osaient pas sortir de voiture tant que les chiens n'avaient pas été rappelés.

Les quelques entretiens accordés aux reporters par des habitants de Longny, Sainte-Marche, La Ferté-Vidame, Tourouvre ou Rémalard avaient semé le désordre dans les esprits. Les faits racontés, les souvenirs évoqués avaient été dénaturés au point que personne n'y retrouvait ses dires, ses souvenirs ou ses simples déclarations. Le va-et-vient traditionnel de l'ancien comté n'avait pas longtemps résisté aux titres spectaculaires, aux témoignages enjolivés. Seule la presse locale demeurait discrète, bien trop habituée aux coutumes régionales.

Quelques engueulades, quelques prises de bec dans les cafés ou lors des foires et marchés finirent par ramener le sens commun dans les bourgs. Les populations adoptèrent la vieille tactique du front commun contre l'envahisseur. Les portes se fermèrent, les volets ne s'ouvrirent plus, les chiens furent lâchés à l'approche d'inconnus.

Quant à la ferme de La Douvellerie, personne ne put s'en approcher à moins de cinquante mètres, la vue du fusil d'Hilaire décourageant toute intrusion.

Les étrangers au pays se firent progressivement plus rares, puis disparurent complètement. La vie reprit, calme, fruste et lente, comme avant cette affaire de bouille. Les gendarmes blessés se rétablirent, quittèrent le canton pour d'autres brigades, sous d'autres cieux. Seul demeura l'adjudant. Il mena l'enquête jusqu'au bout de son pouvoir, rendant compte à un juge d'instruction d'Alençon qui comprenait le Perche et ses gens, sans états d'âme ni sociologie.

*

Le non-lieu de Julien intervint six mois après son retour de la ferme du Maunil. Il avait évité l'incarcération préventive, la Ramée ayant emporté la bouille avec lui.

La machine à calva fut saisie et détruite.

Hilaire hébergeait à présent Julien, et la petite Élise l'avait naturellement accueilli dans l'intimité de sa chambre.

Sainte-Marche est en limite du Perche, à l'endroit précis où son relief devient chaotique. Le maire, M. Pichon, regarde aux semailles les mouettes, si loin de la mer, suivre les sillons tracés dans les champs. Il observe le ciel et attend l'eau qui n'arrive jamais au bon moment.

Et le curé aimerait qu'Élise épouse le fils de son charbonnier, car le ventre de l'adolescente s'arrondit.

Hilaire vit tant bien que mal les quelques mois dans l'attente d'être grand-père. Les racines et la foi chrétienne de ses aïeux l'étreignent. Habité d'un élan qui ne lui ressemble guère, il se surprend à se rendre parfois, en catimini et à la tombée des nuits, dans la chapelle de Notre-Dame-de-Pitié, sur les hauteurs de Longny. Là, il brûle un cierge et, en un rite où se mêlent la crainte de Dieu et sa croyance en les astres, il prie on ne sait quel Être afin qu'il protège le ventre de sa fille.

Sur la façade nord de l'église, un vitrail laisse pénétrer la lumière crépusculaire. Son allégorie colorée célèbre la scène de la visitation de Marie à Élisabeth. Et Hilaire songe, dans ses instants de contemplation, qu'elle n'est guère éloignée de la visite de Gabriel à la Vierge. Il pense alors immuablement à l'acte conçu sans péché et, par association, à l'absence de géniteur.

Il aime bien Julien, c'est un bon gars. Mais il lui plaît cependant de ne pas l'imaginer ayant pris possession du corps d'Élise et qu'un tel acte ait précédé le miracle de la vie. C'est ainsi qu'il s'en imagine le seul propriétaire, comme s'il était le père de cette chair à venir.

Sous le vitrail vieux de quatre siècles, il songe à sa femme défunte et à Élise qui lui ressemble tant, à l'autre annonce faite à Marie et à ce petit enfant, conçu pour lui et à qui il apprendra la science de la bouille.

Quelques jours plus tard, au hasard d'un errement non dépourvu de sens, il repéra une vieille cuve du côté de Bretoncelles. Il pensait pouvoir la remettre en état. Il entendit parler d'un alambic qui dormait depuis trente ans du côté de la chapelle de Réveillon, sur la commune de La Ferté-Vidame, dans le Perche d'Eure-et-Loir. Comment en parler à

Julien ? Il n'osait pas trop pour l'heure. C'était son gars à présent et le père de son petit-fils. Peut-être l'enfant serait-elle une fille. Il en fit le vœu en secret.

Élise aimerait suffire aux rêves de Julien, mais il la partage de plus belle avec ses fameuses nuits complices. La joie qu'elle découvre dans ses yeux lorsqu'il rentre, à l'aube, la rassure sur l'homme des bois, son homme de nature et d'enfance.

Marie dort heureuse dans le cimetière de Réveillon.

Remerciements

Renata de Gennes a suffisamment aimé le manuscrit de ce livre pour le mener jusqu'à l'éditeur.

Françoise Christen a cru à cette histoire de bouille et accompagné l'auteur de sa foi et de ses conseils.

Cet ouvrage a été composé et réalisé par la
SOCIÉTÉ NOUVELLE FIRMIN-DIDOT (Mesnil-sur-l'Estrée)
pour le compte de LA LIBRAIRIE PLON

Achevé d'imprimer en mars 1998

Imprimé en France
N° d'édition : 12917 – N° d'impression : 41806
Dépôt légal : avril 1998